# HOMMAGE

# A

# Jean SCHNEIDER

HOMMAGE DE
L'ACADÉMIE DES INSCRIPTIONS ET BELLES-LETTRES

à

# Jean SCHNEIDER

POUR SON CENTENAIRE

PARIS - AIBL
Diffusion DE BOCCARD
11, rue de Médicis
2003

Gravure de Clément Kieffer,
*Le cloître de l'abbaye Saint-Vincent* (aujourd'hui lycée Fabert de Metz).
Illustration choisie par P.-E. Wagner.

ISBN : 2-87754-145-2

**Jean SCHNEIDER**

*Membre de l'Institut*

# JEAN SCHNEIDER,
# L'ENRACINEMENT ET L'HORIZON

L'œuvre historique du doyen Jean Schneider, homme de fidélité autant que d'ouverture, est enracinée à Metz, entre la place Saint-Martin et le lycée de garçons, ancienne abbaye Saint-Vincent, dont vers 1050 Sigebert de Gembloux fut l'écolâtre. Mais l'environnement urbain se double d'un environnement rural, avec le village mosellan de Varize où, tout enfant, il passa de longues semaines dans l'atelier de ses grands-oncles, l'un volubile et l'autre taciturne, l'un horloger et l'autre serrurier. A Varize, comme il se plaît à le dire, il vit en acte les sept péchés capitaux, et peut-être aussi les trois vertus théologales et les quatre vertus cardinales. Une leçon pour la vie. Le pays messin, la ville dominée par le grand moutier – « il n'est ville qui se fasse mieux aimer que Metz » (Barrès dans *Colette Baudoche*) – ont constitué pour lui une référence constante et comme le terreau d'un comportement intellectuel et moral qui ignore les mesquins et frivoles à-peu-près et d'une œuvre appelée à durer, attentive aux divers courants de la pensée contemporaine mais indifférente aux modes du jour.

Jean Schneider appartient à la génération pour laquelle la guerre de 1870 a été une blessure jamais complètement cicatrisée. Avant que le terme n'ait acquis son sens actuel, il est né résistant. Arrêté par les Allemands en janvier 1944, il refusa d'être compté au nombre des *Volksdeutschen*, revendiquant avec constance et fermeté sa qualité de citoyen français. Il fut déporté au Struthof, puis à Dachau. En toutes circonstances, y compris les plus difficiles, il sut pratiquer la *virtus* telle que l'humanisme recommande de la cultiver.

Sur le terreau messin, ville et campagne, s'est élevée une œuvre dont la pièce maîtresse, nourrie par la connaissance intime des lieux et aussi, comme il se doit, par de longues plongées dans les archives et dans les chroniques, est la thèse de doctorat ès lettres *Metz aux*

*XIII^e et XIV^e siècles.* Autour de ce monument se sont par la suite multipliés, tout au long d'un demi-siècle de production régulière, des articles sur les deux autres cités des Trois évêchés, Toul et Verdun. D'autres études ont traité de l'espace lotharingien, jusqu'à l'aventure de Charles le Hardi. A la bataille de Nancy (1477), René II, duc de Lorraine, a triomphé du conquérant bourguignon, grâce aux « anciennes ligues des Hautes Allemagnes », mais ni lui ni ses successeurs n'ont su ou pu faire de Metz la capitale de leur État. Échec cuisant, mais combien significatif ! Il faudra attendre le XX^e siècle pour qu'enfin la régionalisation, dont Jean Schneider est de longue date un partisan lucide, crée une Lorraine unifiée.

Il est un autre horizon, de vacances cette fois, sec et ensoleillé, qui s'est imposé peu à peu au « citain » de Metz : la Saintonge. Cet horizon se précise lors d'allées et venues autour de Paban, à trois lieues au sud de Saintes. La bibliothèque d'un aïeul de Madame Schneider (« la doyenne », comme nous disons familièrement) contenait, soigneusement reliée, la série complète des *Archives historiques de la Saintonge et de l'Aunis.* La lecture de ces ouvrages, spécialement des cartulaires d'un espace progressivement élargi à l'ensemble du Sud-Ouest aquitain, devait alimenter la vision d'un Moyen Âge méridional, auquel il convenait de restituer son authentique originalité. En d'autres termes il s'agissait de rompre avec le modèle classique de la féodalité « entre Seine et Rhin ». Une conférence annuelle à la IV^e section de l'École pratique des Hautes Études sur la *Vita Geraldi Aureliacensis* s'est révélée d'une grande fécondité pour ses auditeurs. Cette orientation, déjà préparée par le séjour forcé à Montpellier en 1940-1943, devait conduire à l'organisation d'un mémorable colloque sur les structures féodales du Midi aquitain et catalan, en 1968, et déboucher sur une série de conférences données plusieurs années de suite à l'Université d'été Saintonge-Québec de Jonzac : la première de ces conférences traitait de l'époque mérovingienne et carolingienne, la dernière s'intitulait « Louis XI et la Saintonge ». Vaste panorama !

Sur des bases d'une semblable solidité, rien d'étonnant à ce que Jean Schneider ait été en mesure de rédiger des synthèses puissantes, originales et concises. Évoquons ici ses grands rapports sur les principautés en France et dans l'Empire, sur les villes et le mouvement communal, sur la vie paroissiale, présentés à tel ou tel congrès national des Sociétés savantes et aussi à tel congrès de la Société des Historiens médiévistes de l'Enseignement supérieur public – une institution dont on connaît le rôle central pour le milieu professionnel des médiévistes français et dont il est l'un des pères fondateurs.

La Lorraine et ses marches, la Saintonge et son vaste pourtour. De façon en apparence plus inattendue, Jean Schneider s'est intéressé aux encyclopédies du Moyen Âge, dont on ne parlait plus guère à l'époque où il a commencé ses investigations. L'Atelier Vincent de Beauvais a non seulement fait sortir de l'ombre ce dominicain très proche de saint Louis, mais a permis aussi de mesurer l'influence de la formidable compilation qu'est le *Speculum majus* sur la vie intellectuelle, et cela jusqu'en plein XVII^e^ siècle. Cet Atelier, créé à Nancy il y a une bonne trentaine d'années, doit être vu comme l'une des manifestations d'une entreprise encore plus vaste qui, dans son principe, visait à mettre l'informatique au service de la recherche historique. Ayant très tôt pris conscience des ressources de ce merveilleux outil, dont le maniement n'a cessé de s'améliorer, Jean Schneider a voulu faire de « sa » Faculté des lettres et des sciences humaines de l'Université de Nancy un pôle majeur en matière d'analyse linguistique et lexicale. D'où la création du Centre de Recherche automatique appliquée à la Linguistique, dont la compétence ne concernait pas seulement, tant s'en faut, le Moyen Âge. Au sein de cet organisme, l'Atelier sur les textes du Moyen Âge eut pour mission de rassembler et de « saisir » toutes les chartes originales antérieures à 1121 (donc avant ce qu'on peut appeler l'inflation cistercienne), conservées dans les dépôts d'archives français, et, après une critique diplomatique menée dans les règles, d'en tirer un vocabulaire incontestablement daté.

Pour comprendre l'originalité de cette nouvelle orientation, il faut remonter encore plus haut, à un moment où les scientifiques de l'Université de Nancy acceptaient sans enthousiasme l'idée que l'informatique pouvait s'appliquer à la linguistique. Finalement, il fut décidé que l'Université présenterait au ministère de l'Éducation nationale un projet de Centre universitaire de Calcul automatique. Ce projet fut soumis à la section permanente du conseil des Universités dont faisait partie le doyen Schneider. A un moment critique de la discussion, celui-ci présenta son argumentation avec tant de vigueur et de pertinence qu'il retourna la situation. Beau succès pour un « littéraire » que d'abriter dans sa Faculté ce qui allait devenir l'Institut universitaire de Calcul automatique de Nancy.

Sensiblement à la même époque, Jean Schneider, allant à contre-courant de ce qui se faisait en France où l'on ne parlait que de *campus* à l'américaine, tint à ce que la nouvelle Faculté des lettres de Nancy fût construite en pleine ville. Il sut trouver le terrain, choisir l'architecte, résoudre au mieux, avec finesse et autorité, les mille et un problèmes que rencontre tout administrateur, notamment dans le domaine universitaire. Cette construction, disposée tel un cloître à trois côtés autour d'une cour d'honneur au centre de laquelle s'élève désormais, dans sa majesté, le cèdre du Liban qu'il tint à y planter, n'a pas vieilli : elle lui fait honneur.

Puissant travailleur, à l'aise aussi bien dans l'érudite miniature que dans la grande fresque historique, susceptible d'aborder avec une redoutable compétence tous les aspects et tous les siècles du monde médiéval, caractère ouvert et énergique, sachant écouter, Jean Schneider est aussi un bâtisseur, un fondateur. Si l'*alma mater* n'avait retenu ses talents, on l'aurait imaginé exerçant avec le même bonheur et la même efficacité de très hautes responsabilités dans quantité d'autres domaines.

⁂

A l'initiative de deux de ses membres et de l'un de ses correspondants attachés de longue date à Jean Schneider par des liens professionnels et personnels d'admiration intellectuelle et de respectueuse amitié, non sans les bienveillants encouragements de son Secrétaire perpétuel Jean Leclant, l'Académie des Inscriptions et Belles-Lettres a désiré rendre hommage à son doyen d'élection (1968), alors qu'il va fêter son centenaire. Pour cela, elle a pensé que la réimpression de cinq de ses études, représentatives de ses centres d'intérêt les plus constants, non seulement concrétiserait l'estime particulière dans laquelle l'Académie tient son doyen d'âge, mais encore aurait un intérêt scientifique avéré, ce qui, pour le doyen Schneider, aux antipodes d'un quelconque sentiment de vanité d'auteur, a toujours été l'essentiel.

Michel Bur
Philippe Contamine
Francis Rapp

# RECHERCHES SUR LES CONFINS DE LA LORRAINE ET DE LA CHAMPAGNE : LES ORIGINES DE VAUCOULEURS

(*CRAI*, juillet-octobre 1961, p. 270-274)

A l'occasion d'un recensement des documents lorrains, antérieurs au XIIIe siècle, l'attention s'est portée sur quelques chartes concernant la vallée de la haute Meuse. Cette région située aux confins de la Lotharingie, de la Champagne et de la Bourgogne pose à la géographie historique des problèmes ardus – tel celui des origines de la suzeraineté champenoise sur Vaucouleurs et sur d'autres seigneuries importantes de ce pays. Quelques chartes inédites ou peu connues pourraient apporter quelques clartés sur la formation des mouvances féodales de ces confins.

Les recherches sont parties d'un diplôme du roi allemand Henri II pour Berthold, évêque de Toul, donné à Tribur le 18 juillet 1011. De ce diplôme les *Monumenta Germaniae Historica* avaient donné en 1902 une version dont les éditeurs soulignaient le caractère suspect, tout en signalant l'existence d'un autre texte alors introuvable. Ce dernier a été conservé dans un cartulaire, entré depuis lors aux Archives départementales de Meurthe-et-Moselle. Cette copie semble donner la teneur originale du diplôme.

Le souverain donne à l'évêque de Toul le ban et la chasse dans un périmètre englobant l'actuelle forêt de Vaucouleurs, mais excluant, semble-t-il, la localité de Tusey-sur-Meuse. Le faux étend le privilège au chapitre et donne au district forestier des contours plus précis et plus larges. Il a été vraisemblablement fabriqué à la fin du XIIe siècle.

Ces détails suggéraient de sonder l'histoire de Tusey, ancien domaine carolingien sur le territoire duquel devaient s'élever le château et le bourg de Vaucouleurs.

Toutes recherches de géographie historique sur les pays de la haute Meuse doivent tenir compte des partages carolingiens et de l'intervention du roi allemand Henri Ier en Lotharingie, pays dont l'aristocratie se ralliait à ce prince en 925.

Or il est avéré que les derniers Carolingiens de France avaient été reconnus comme souverains dans des *pagi* comptés en 870 dans la Lotharingie. Les limites occidentales de la future Haute-Lorraine furent mouvantes au Xe siècle et ces variations trouveraient difficilement leur explication dans les « cessions territoriales », imaginées par certains historiens.

La dislocation du *pagus* et l'affaiblissement des institutions carolingiennes semblent avoir été plus précoces dans cette région, les circonscriptions plus mouvantes encore qu'ailleurs. Le *pagus Odornensis* est divisé en deux comtés à la date de 870, par contre un *pagus Bedensis*, mentionné en 837, n'apparaît plus au partage de Meerssen. Étant donné le caractère discutable des sources qui le mentionnent ultérieurement, on peut se demander si ce *Bedensis* meusien a réellement existé. Pour la période allant de la fin du IXe au début du XIe siècle, il est difficile d'établir la succession des comtes dans les *pagi* de cette région et les institutions comme le *mallus* et les échevins ont rapidement disparu.

L'importance de la propriété ecclésiastique a pu contribuer, par les effets de l'immunité, à la dislocation du *pagus* et de ses institutions. Or, dans ces *pagi*, les domaines des églises françaises étaient particulièrement étendus et parfois très anciens. Les possessions de Saint-Bénigne de Dijon seront regroupées plus tard autour des deux prieurés de Saint-Blin et de Silmont, celles de Notre-Dame de Laon autour de celui de Richecourt, tous trois situés dans l'Ornois et compris dans le diocèse de Toul. De plus, il faut tenir compte des biens de Saint-Rémy de Reims aux limites méridionales de l'Ornois, des domaines importants que Saint-Denis avait au Xe siècle dans le Barrois. L'avouerie et la garde des domaines ecclésiastiques ont été des éléments importants pour la formation des principautés territoriales ; il resterait à déterminer au profit de quelles dynasties féodales ces éléments ont été utilisés dans cette région de la haute Meuse. La question se pose pour Bourmont,

Neufchâteau, Vaucouleurs, Commercy. La présente étude se borne à examiner le cas de Vaucouleurs.

L'histoire de Vaucouleurs ne peut être séparée de celle du domaine carolingien de Tusey-sur-Meuse. Ce toponyme apparaît dans les documents vers 859-865. Charles le Chauve y séjourne à plusieurs reprises ; en 859, le roi de France date plusieurs diplômes de cette localité ; il y convoque un concile en 860 et Louis le Germanique est reçu « très honorablement » dans cette *villa* en 865. Comment le roi de France peut-il se comporter à Tusey comme s'il se trouvait dans un de ses domaines, alors que Tusey est apparemment en Lotharingie ?

Aucun document ne mentionne plus Tusey jusqu'en 938. Flodoard nous apprend qu'en cette année Louis VI d'Outremer reprenait la *villa* de Tusey et ses dépendances au comte Roger de Laon pour le restituer à sa mère, la reine Ogive, dont le douaire comportait entre autres ce domaine. Comme la reine tenait au même titre l'abbaye royale Notre-Dame de Laon, il est possible que Tusey ait fait partie du temporel de cet établissement dès cette époque. Peut-être en était-il déjà ainsi au siècle précédent, puisque la reine Ermentrude, femme de Charles le Chauve, était également abbesse de ce monastère, dans l'enceinte duquel s'élevait le palais du roi de France.

Le sort ultérieur de ce domaine reste difficile à préciser. Lorsque la reine Ogive épousa Herbert de Vermandois, en 951, elle fut privée d'une partie de son douaire ; mais, on ignore si elle garda la disposition de Tusey.

Des documents de la fin du XIe et du début du XIIe siècle rappellent en tout cas que le château et le bourg de Vaucouleurs étaient bâtis, pour partie, sur des terres appartenant à Notre-Dame de Laon ; cette abbaye revendiquait de plus l'église de Tusey et celles des paroisses voisines, de Chalaines et de Montigny.

Or, le comte de Champagne exerçait dès lors la suzeraineté sur Vaucouleurs et ses dépendances ; il avait part dans les revenus des églises paroissiales mentionnées ci-dessus. A Bourmont également, le château, tenu en fief du comte de Champagne, était bâti sur des terres ayant appartenu précédemment à l'abbaye Notre-Dame de Laon.

Il ne semble pas téméraire d'admettre que les comtes de Champagne ont, soit par usurpation, soit comme avoués, disposé d'une partie des biens de l'abbaye laonnaise de la vallée de la Meuse, et cela peut-être dès la fin du xe siècle.

C'est en effet vers la fin du xe siècle que la politique territoriale des princes lorrains, de l'évêque de Langres, du comte de Champagne crée une tension très forte dans les pays de la haute Meuse. Les souverains de la dynastie saxonne semblent avoir confié aux évêques de Toul, choisis le plus souvent parmi les clercs allemands, le soin d'asseoir l'influence impériale dans ces parages. Le diplôme de 1011 s'inscrit dans cette politique, l'évêque Berthold ayant entrepris de restaurer le temporel de l'évêché, fortement entamé par l'évêque de Langres, le comte de Champagne et leurs vassaux.

La construction des châteaux de Vaucouleurs et de Bourmont est sans doute due à l'initiative du comte Eudes II de Champagne, accusé d'avoir élevé de nombreuses forteresses en Lorraine. Dès l'épiscopat de Hermann, qui occupe le siège de Toul de 1019 à 1026, le premier des Joinville est en conflit avec le prélat. Son successeur, Brun de Dabo, ne réussit pas à prendre Vaucouleurs, secouru par le comte de Reynel et le seigneur de La Fauche. Les *Gesta episcoporum tullensium* attribuent par contre à l'évêque Udon (1052-1069) la destruction de cette forteresse qui sera relevée avant 1080 et tenue en fief des comtes de Champagne par les sires de Joinville.

En conclusion, il apparaît que la forte densité des biens appartenant à des églises françaises dans les pays de la haute Meuse et de l'Ornain explique l'intervention des princes français dans cette région, et contribue à éclairer la formation de liens vassaliques entre les seigneurs détenteurs de fiefs de sous-avoueries et les princes, gardiens ou grands avoués des monastères champenois ou bourguignons.

★★★

M. Charles-Edmond Perrin souligne l'intérêt de la communication de M. Jean Schneider. Celui-ci a renouvelé l'étude des origines de Vaucouleurs en attirant l'attention sur la proche *villa* royale de Tusey, qui, avec d'autres biens de la même région, a fait partie au xe siècle du temporel de l'abbaye Sainte-Marie de Laon. Il ressort d'autre part de la communication de M. J. Schneider que, dans la région de la Meuse supérieure, l'incertitude dans le tracé des frontières administratives a favorisé l'intrusion de seigneurs français (champenois comme les sires de Joinville, fondateurs de la forteresse de Vaucouleurs) ; ceux-ci ont étendu leur mouvance sur des territoires lorrains, qui depuis 925 relevaient théoriquement du royaume de Germanie. Enfin, M. J. Schneider a eu le mérite de mettre en lumière le rôle des évêques de Toul qui ont été chargés par les souverains germaniques de défendre les droits de l'Empire menacés par les usurpations des seigneurs français.

M. Pierre Marot, qui a pris un grand intérêt à entendre cette communication, en retient particulièrement l'opportunité de dresser la carte des possessions religieuses de cette région.

# LOTHARINGIE, BOURGOGNE OU PROVENCE ? L'IDÉE D'UN ROYAUME D'ENTRE-DEUX AUX DERNIERS SIÈCLES DU MOYEN ÂGE

(in *Liège et Bourgogne, Actes du colloque tenu à Liège les 28, 29 et 30 octobre 1968*
[Les congrès et colloques de l'Université de Liège, 66], Liège, 1972, p. 15-44)

Dans l'Europe contemporaine, les territoires de l'ancienne *Francia media* se voient parfois attribuer un rôle important dans le développement économique du continent. D'Anvers et de Rotterdam à Marseille, selon des tracés passionnément discutés, les imaginations devancent hardiment les réalisations déjà imposantes. L'histoire est invoquée à l'appui de ces projets ; Charlemagne et son grand empire ou, plus modestement, le plus fragile des royaumes issus des partages carolingiens, la Lotharingie, sont appelés à servir de caution.

L'historien s'interroge devant cet usage que l'on fait de sa discipline ; il demande à vérifier les références. Ce faisant, il est amené à constater que, dans le passé déjà, légistes et chroniqueurs des cours princières de la fin du Moyen Âge ont évoqué les souvenirs carolingiens aussi bien que les royaumes de Bourgogne, de Provence ou de Lotharingie à l'appui des entreprises de leurs maîtres. Ces évocations historiques avaient attiré l'attention de Paul Bonenfant qui en de solides études avait montré quel cas il convenait d'en faire ; la présente recherche voudrait s'inspirer de son exemple [1].

---

1. A.-M. et P. Bonenfant, « Le projet d'érection des États bourguignons en royaume en 1447 », *Le Moyen Âge*, XLV, 1935, p. 10-23 ; P. Bonenfant, « Les

On ne saurait prétendre ici traiter à fond ces problèmes, ni même évoquer, comme faire se devrait, le contexte politique, économique et culturel dans lequel ces pays ont évolué pendant un siècle et demi ; il s'agit simplement d'esquisser l'histoire d'une idée politique et de poser quelques jalons pour des recherches ultérieures.

## 1. Les Pays d'Entre-Deux

Le terme de Pays d'Entre-Deux, utilisé par des historiens modernes, a-t-il quelque fondement dans la réalité ?

Les régions, qui s'échelonnent de la mer du Nord à la Méditerranée et dont les cours d'eau (Meuse, Moselle, Saône, Rhône) semblent jalonner un axe « lotharingien », ont en fait des caractères physiques fort divers et appartiennent le plus souvent à des formations géographiques plus vastes, comme la plaine de l'Europe du Nord, les massifs hercyniens, le bassin parisien, les pays alpestres, par exemple. De plus ces régions sont réparties entre plusieurs aires linguistiques, celles des parlers romans et des parlers germaniques. Pendant une quinzaine d'années, ces pays avaient été réunis dans la *Francia media* ; les royaumes qui en étaient issus finirent sans doute par être réunis à la couronne germanique, mais des facteurs humains accentuaient encore dans ces pays le particularisme caractéristique de la société médiévale. Les défaillances de l'autorité impériale et l'attachement aux « libertés » y entretenaient l'anarchie et les guerres privées. Ni la géographie, ni la langue, ni les traditions politiques ne disposaient ces pays à former une unité.

L'essor économique, qui favorisa l'expansion de l'Occident à partir du XIe siècle surtout, ne pouvait manquer de toucher ces

projets d'érection des Pays-Bas en royaume du XVe au XVIIIe siècle », *Revue de l'Université de Bruxelles*, XLI, 1935-1936, p. 151-169 ; Id., « La persistance des souvenirs lotharingiens », *Bulletin de l'Institut historique belge de Rome*, XXVII, 1952, p. 53-64 ; Id., « État bourguignon et Lotharingie », *Académie royale de Belgique. Bulletin de la classe des Lettres et des Sciences morales et politiques*, 5e série, XLI, 1955, p. 266-282 ; Id., *Philippe le Bon*, 3e éd., Bruxelles, Coll. « Notre passé », 1955.

régions, puisque les échanges entre l'Europe du Nord-Ouest et la Méditerranée étaient le facteur essentiel de ce renouveau. Effectivement, aux deux extrémités de l'axe « lotharingien », la Flandre et d'autres régions des Pays-Bas d'une part, la Provence d'autre part, connurent un développement qui fit de Marseille l'une des places importantes du monde méditerranéen et de Bruges, puis d'Anvers, des centres commerciaux de premier rang. Les Pays-Bas comme la Provence devaient connaître aussi une brillante vie artistique aux derniers siècles du Moyen Âge. Or, ces deux régions étaient tournées vers la mer ; elles ne devaient pas leur prospérité d'abord aux relations directes établies des bouches de l'Escaut à celles du Rhône.

Entre ces deux zones, les plus prospères, de nombreux relais, marqués à des époques diverses par des foires, comme celles de Genève, Lyon, Chalon-sur-Saône, Besançon, Saint-Nicolas-de-Port, attiraient des marchands venus d'Italie, de France et d'Allemagne. Les bateliers du Rhône et de la Saône, les rouliers de Bourgogne et de Lorraine prenaient part au grand commerce. L'initiative semblait cependant appartenir, depuis le XIIIe siècle finissant, aux marchands étrangers. Marseille et les ports provençaux dépendaient des compagnies italiennes, notamment des Génois, Pisans et Florentins. Du Dauphiné aux Pays-Bas, les Lombards d'Asti et du Piémont établirent leurs tables en une densité que n'atteignaient pas les comptoirs analogues d'Allemagne ou de France. Les Hanséates faisaient l'essentiel du trafic dans les ports des Pays-Bas. D'autres marchands allemands prenaient les routes terrestres pour gagner la Flandre, Paris, Lyon ou Genève. On ne peut se défendre de l'impression que les Pays d'Entre-Deux formaient des aires économiques très diverses : entre deux pôles, participant activement aux échanges maritimes, la Flandre et la Provence, les régions intermédiaires semblaient surtout animées par un commerce transversal où les étrangers tenaient le plus souvent le rôle principal [2].

2. On ne saurait présenter ici toute la bibliographie concernant la vie économique des Pays d'Entre-Deux, très abondante, notamment pour les régions riveraines de la mer du Nord et celles de la Méditerranée. D'excellentes études ponctuelles ont été faites par H. Ammann et R. Sprandel, principalement à partir des documents publiés. Des recherches en cours, exploitant les registres de comptes, permettront de distinguer plus nettement les aires de circulation et les époques dans l'évolution des échanges commerciaux.

On peut citer quelques études récentes :

Des tendances analogues s'observent sur le plan culturel. Les oppositions entre gens de langue différente, vivant dans le même diocèse ou la même principauté, s'accentuaient au point de faire souvent de la frontière linguistique une barrière sociale et culturelle. Dans une même famille linguistique, la différenciation croissante entre le provençal et l'italien, entre le néerlandais et le bas-allemand, rendait plus difficile des échanges dont la littérature du XIII<sup>e</sup> siècle atteste encore l'importance. La *Geste des Lorrains* témoigne d'un relatif isolement : dans ses branches, le poème fait maintes allusions à d'autres cycles épiques, mais lui-même n'est l'objet que de rares allusions dans d'autres œuvres ; on n'en connaît qu'une traduction, en langue néerlandaise, précisément [3]. Le progrès de l'enseignement et le développement des universités pouvaient avoir une incidence sur la vie culturelle de ces régions, d'autant plus que le développement des administrations y multipliait, comme ailleurs, le nombre des « gens de robe longue [...] clers éloquens, légistes et ystoriens » [4].

En fait, une grande partie de ces praticiens recevait sa formation sur place, comme c'était le cas à Lyon, Dijon et Metz [5]. Pour

---

– R. MARCHAL, « Les voies de communications terrestres et fluviales entre les Pays-Bas et l'Italie au XVe siècle », in *Hommage au professeur Paul Bonenfant*, Bruxelles, 1965, p. 601-619, avec carte ;
– H. KELLENBENZ, « Die Wirtschaft in Deutschland, Italien und Frankreich im 14. Jahrhundert, insbesondere ihre verkehrswirtschaftliche Verflechtungen », in *Der deutsche Territorialstaat im 14. Jahrhundert*, I (Vorträge und Forschungen, XIII), Sigmaringen, 1970, p. 197-223 ;
– F. DENEL, « La navigation sur le Rhône au XVe siècle d'après le registre du péage de Baix », *Annales du Midi*, LXXXII, 1970. p. 287-299.

3. P. TAYLOR, *Gerbert de Mez. Chanson de geste du XIIe siècle* (Publications de la Faculté des lettres et philosophie de Namur, fasc. 11), Louvain-Lille, s. d. (1952), p. XIII-XIV.

4. Selon un mot de Jean de Lannoy, cité par B. DE LANNOY et G. DANSAERT, *Jean de Lannoy, le bâtisseur (1410-1493)*, Paris-Bruxelles, s. d., p. 120.

5. R. FÉDOU, *Les hommes de loi lyonnais à la fin du Moyen Âge. Étude sur les origines de la classe de robe* (Annales de l'Université de Lyon, 3e série, fasc. 37), Paris, 1964, voir p. 295-308 ; J. BARTIER, *Légistes et gens de finances au XVe siècle. Les conseillers des ducs de Bourgogne Philippe le Bon et Charles le Téméraire* (Académie royale de Belgique, Classe des Lettres, Mémoires in-8°, t. L, fasc. 2), Bruxelles, 1955. Nous n'avons pu consulter un D.E.S. soutenu devant la Faculté de droit de Dijon en 1967 : P. BODINEAU, *Les gens de loi au service de la commune de Dijon à la fin du Moyen*

obtenir des grades universitaires, il fallut aller d'abord en Italie ou dans le royaume de France ; il y eut une nation lorraine et une nation bourguignonne à l'Université d'Orléans, une nation bourguignonne à Bologne, Pavie et Padoue, comme à Aix et à Montpellier [6]. Des universités furent créées, à partir du XIVe siècle, dans les Pays d'Entre-Deux. Le *studium generale* d'Avignon, favorisé par la présence de la cour pontificale, garda quelque rayonnement même après le départ des papes ; il n'eut pas de peine à éclipser les universités plus récentes d'Aix et d'Orange. Aux Pays-Bas, l'Université de Louvain, créée en 1426, dépassait, à la fin du siècle, celles de Cologne et de Trèves. En revanche, les fondations tentées en Franche-Comté et dans le Dauphiné rencontraient des difficultés qui ne devaient être surmontées qu'au XVIe siècle. La Bourgogne ducale restait dans la mouvance intellectuelle de Paris et d'Orléans. Quant à la Lorraine, la proportion des gradués d'université y était, semble-t-il, plus faible qu'ailleurs ; elle n'eut pas d'université avant 1572 [7]. Les Pays d'Entre-Deux restaient donc tributaires, pour une bonne part, des universités françaises, italiennes ou allemandes.

Si différentes qu'elles fussent par leurs relations économiques et leurs horizons culturels, les populations de ces pays se sont

---

*Âge*. A titre de comparaison, voir B. GUENÉE, *Tribunaux et gens de justice dans le bailliage de Senlis à la fin du Moyen Âge* (Publications de la Faculté des lettres de Strasbourg, fasc. 144), Paris, 1963, notamment p. 185-216, 349-351, 384-386.

Voir dans R. FÉDOU, *op. cit.*, la carte des centres universitaires fréquentés par les Lyonnais (1360-1500). Des jeunes gens de Porrentruy viennent aux écoles de Dijon au XVe siècle, voir *Annales de Bourgogne*, XLI, 1969, p. 213. On pourra aussi se reporter à une note suggestive de H. NELIS, « Clercs des Pays-Bas à l'Université d'Avignon en 1394 », *Revue belge de Philologie et d'Histoire*, 11, 1923, p. 707-709.

6. P. KIBRE, *The nations in the Medieval Universities* (Medieval Academy of America, Publ. n. 49), Cambridge (Mass.), 1948. Nations bourguignonnes à Bologne dès 1265 (p. 9), à Orléans (p. 135-135), Aix (p. 154), Padoue (p. 116). Pour Bologne, voir S. STELLING-MICHAUD, « La nation de Bourgogne à l'Université de Bologne du XIIIe au XVe siècle », *Mémoires de la Société pour l'Histoire du Droit et des Institutions des anciens pays bourguignons, comtois et romans*, 18, 1956, p. 7-43.

7. Quelques notes sur le climat intellectuel de la Lorraine au début de l'époque moderne dans J. SCHNEIDER, « Claude Chansonnette (*Cantiuncula*), jurisconsulte et humaniste messin (vers 1490-1550) au service de la Maison de Lorraine », in *Hommage à Lucien Febvre*, Paris, 1954, p. 231-239.

trouvées devant des problèmes analogues qui ont souvent déterminé des attitudes semblables.

Entre des frontières linguistiques, très nettes vers l'est, et les limites du royaume de France, rendues plus sensibles par le contrôle des échanges commerciaux et l'action des officiers royaux, se manifeste une tendance au repli sur soi-même, le particularisme s'y nuance parfois d'une sorte de complexe d'insularité. L'attachement aux usages anciens s'en trouve renforcé. Ces traits s'accentuent à mesure que l'on s'éloigne des Pays-Bas et de la Provence, régions largement ouvertes aux influences extérieures.

Cependant la situation de ces pays attirait les initiatives des souverains et des grands feudataires du voisinage, poursuivant une politique d'expansion territoriale et cherchant des alliés. La rivalité franco-anglaise et la lutte entre Guelfes et Gibelins eurent leur retentissement dans les Pays d'Entre-Deux dès le XIII^e^ siècle. Princes, seigneurs et villes étaient sollicités de divers côtés. Or, le chevauchement des mouvances et les fidélités multiples oblitéraient le sens des obligations féodales ; les marchandages politiques devenaient une habitude [8]. Certaines populations y gagnaient une fâcheuse réputation ; l'épopée stigmatisait les Bourguignons ; le proverbe ne ménageait pas les Lorrains [9]. Le plus souvent le problème politique ne se posait plus simplement entre le suzerain et

---

8. Les tractations des princes allemands sont traitées par W. KIENAST, *Die deutschen Fürsten im Dienste der Westmächte bis zum Tode Philipps des Schönen von Frankreich*, I, II-1, Utrecht-Munich, 1924-1921 (Bijdragen van het Instituut voor middeleeuwsche geschiedenis der Rijksuniversiteit te Utrecht, X, XVI) ; et dans l'ouvrage plus discuté du même auteur, *Deutschland und Frankreich in der Kaizerzeit (900-1270)*, Leipzig, s. d. (1943). Pour la période postérieure, voir les études de F. TRAUTZ (voir n. 23) et de H. GRUENEISEN (voir n. 31).

9. W. KIENAST, *Studien über die französischen Volksstämme des Frühmittelalters* (Pariser Historische Studien, VII), Stuttgart, 1968, p. 23-42, les Burgondes. Il est fait allusion au proverbe qualifiant les Lorrains de « vilains (paysans), traîtres à Dieu et au prochain ». Voir aussi J. MALSCH, *Die Charakteristik der Völker im altfranzösischen Epos*, Diss., Heidelberg, 1912 ; P. MAROT, *Neufchâteau en Lorraine au Moyen Âge*, Nancy, 1932, p. 76-78, parle de l'attitude des Neufchâtelois qui « cherchaient à bénéficier de leur situation équivoque, politique classique des pays de marche ». Le duc de Savoie au prince d'Orange, en 1430 : « Un des privilèges de la noblesse de Savoie est de servir indifféremment ceux qui lui plaisent [...] la voie la plus sûre pour l'avoir de son côté est de lui faire les offres les plus avantageuses », cité par J. DENIAU, *La commune de Lyon*, p. 551.

son vassal, le prince et son sujet ; le recours à un troisième partenaire permettait le jeu de bascule.

A ces hommes il ne devait pas paraître étrange de restaurer un royaume de Lotharingie, de Bourgogne ou d'Arles, alors que, selon le mot d'un historien, se terminait l'ère de l'*imperium* et s'ouvrait celle des *regna* [10].

## 2. Les théories réformistes

Après 1250, la victoire des Guelfes trouva son expression dans des théories politiques qui voulaient consacrer le triomphe du Sacerdoce sur l'Empire.

Deux notions apparaissent ainsi, en un lien logique : l'idée de vicariat d'Empire et la théorie du couronnement. Les curialistes tendaient à démontrer que le roi d'Allemagne était sans doute destiné à recevoir des mains du pape la couronne impériale ; mais tant que ce couronnement n'était pas accompli, le souverain ne pouvait exercer aucun pouvoir hors d'Allemagne ; les prérogatives impériales étaient aux mains du pontife comme vicaire de l'Empire. Cette notion de vicariat, évidemment d'origine canonique, avait été utilisée par Frédéric II qui avait nommé des « vicaires généraux » en Italie et en Bourgogne. La papauté reprenait cette notion à son profit, en attendant que l'Empire y revînt, pour y avoir fréquemment recours aux XIVe et XVe siècles [11].

D'Italie, cette idée gagna les pays bourguignons et lorrains où il n'était pas question d'ailleurs de reconnaître un vicariat pontifical.

---

10. Opinion émise par M. POWICKE, *The Thirteenth Century* (Oxford History of England, 4), Oxford, 1953, p. 233.

11. H. CONRAD, *Deutsche Rechtsgeschichte*. Bd. I, *Frühzeit und Mittelalter*, Karlsruhe, 1954, p. 257 (vicariat du pape), p. 319 (vicariat d'Empire) ; F. BAETHGEN, *Der Anspruch des Papsttums auf das Reichsvikariat, Mediaevalia*, I (Schriften der Monumenta Germaniae Historica, XVII, 1), 1960, p. 110-185.

Deux dissertations inédites, mais multigraphiées, ont pu être consultées sur le vicariat d'Empire : H. FRICKE, *Reichsvikare, Reichsregenten, Reichsstatthalter des deutschen Mittelalters*, Göttingen, 1949, et W. WENDEHORST, *Das Reichsvikariat nach Goldenen Bulle*, Göttingen, 1951.

Dans ces régions surgit alors la théorie du couronnement (*Krönungstheorie*) d'après laquelle le roi d'Allemagne ne peut intervenir ni en Bourgogne ni en Lorraine tant qu'il n'est pas couronné empereur [12]. Déjà en 1253, Jean de Chalon entendait distinguer parmi les fiefs qu'il reprenait de Guillaume de Hollande, ceux qui étaient tenus au titre de l'Empire, du royaume d'Allemagne ou du royaume d'Arles. Son petit-fils Othenin, comte de Bourgogne, prétendait même refuser l'hommage à Rodolphe de Habsbourg, parce qu'il n'avait pas reçu la couronne impériale. Ces idées se répandaient avec assez de rapidité et de force pour qu'en 1310, Henri VII de Luxembourg en tirât argument afin de hâter le couronnement impérial :

> « Certains, écrit-il au pape, cherchant à nuire et à semer la zizanie, suggèrent aux esprits simples qu'on n'est pas obligé d'obéir au roi, tant qu'il n'est pas couronné. De ces dispositions malveillantes peuvent naître des rebellions pour le grand dommage de l'État et de l'Empire. »

Cette idée devait se perpétuer ; elle apparaît dans l'arsenal juridique des Messins au XIVe et au XVe siècle [13].

Parallèlement apparaissaient dans les milieux proches de la curie des projets de réforme, destinés à relever l'Empire, sans le soutien duquel, selon une opinion courante alors, le monde allait à sa fin. Constatant l'anarchie qui régnait dans son pays natal, le royaume d'Arles, Humbert de Romans, ancien maître général des frères prêcheurs, l'attribuait à l'absence d'un *dominus generalis*, incarnant l'autorité supérieure. Dans son œuvre, l'*Opus tripartitum*, il

---

12. F. KERN, « Die Reichsgewalt des deutschen Königs nach dem Interregnum », *Historische Zeitschrift*, CVI, 1911, p. 39-95, et réédition Darmstadt, 1959, 66 p. Nous citons d'après la *H. Z.* : sur l'attitude de Jean de Chalon, p. 44 et n. 4 ; la présence de l'Empereur nécessaire pour l'exercice du pouvoir, p. 50-51. Le texte sur Othenin est édité dans *Monumenta Germaniae Historica, Leges, Constitutiones*, t. III, p. 484, n° 503.

13. *Histoire de Metz*, t. IV, Preuves, Metz, 1775, p. 461. Procès devant la cour impériale à propos de Frischmann, marchand de Francfort, en 1394 : « La citeit de Mes, ancienne, puissans d'armes, tenable en la féderation romaine, joieusset d'ycelle liberteit, franchise ou immuniteit, que li Roix des Rommains, qui n'est mie encor promeus en empereur, n'ait alcune jurisdiction en ycelle citeit, en citains et habitans d'icelle ; et que ycelle citeit et les siens ne sont mie tenus de recognoistre ung tel roix pour leur signour, ne de obéir a lui, jusques ad tant qu'il serait promeus en emperour. »

suggérait d'instituer une autorité de ce type et proposait la nomination de vicaires [14]. Son contemporain, Jourdain d'Osnabruck évoquait également la nécessité de soutenir l'Empire dont l'édifice reposait sur quatre parois, représentées par les quatre *loca principalia* de l'Empire, Aix-la-Chapelle, Arles, Milan et Rome [15]. Ces idées cheminèrent dans les esprits ; la génération suivante attribuait au pape Nicolas III un plan qui aurait été soumis à Rodolphe de Habsbourg en 1280. Il n'est pas impossible qu'à l'occasion de projets qui seront évoqués ci-après, une division de l'Empire en quatre royaumes ait été imaginée. Tholomée de Lucques, d'abord vers 1305, puis plus nettement dans son *Historia ecclesiastica*, vers 1317, affirma qu'en 1280 on avait envisagé de créer les quatre royaumes d'Allemagne, d'Arles, de Lombardie et de Toscane [16]. Ces imaginations ne devaient avoir qu'un succès éphémère ; elles ne seront pas retenues lorsqu'on formera plus tard la *Quaternionentheorie*, selon laquelle l'Empire repose sur quatre représentants de chacun des États (ducs, marquis, comtes, barons, abbés, cités) [17].

---

14. B. Birckmann, *Die vermeintliche und die wirkliche Reformschrift des Dominikanergenerals Humbert de Romanis*, Fribourg-en-Brisgau, 1916, cite p. 27 le passage original et p. 30-31 le passage interpolé ; les deux sont comparés aussi dans l'*Histoire littéraire de la France*, t. XXXV, 1934, p. 175, à propos de Bernard Gui.

15. H. Grauert, « Jourdain d'Osnabruck et la *Notitia Saeculi* », in *Mélanges Paul Fabre*, Paris, 1902, p. 330-352 ; le passage visé p. 345 est tiré du *Tractatus de Praerogativa imperii romani*, édité par G. Waitz, in *Abbhandlungen der Gesellschaft der Wissenschaften zu Goettingen*, XIV, 1869, p. 71 ss. La mention des quatre *loca principalia* se trouve pour la première fois, semble-t-il, au XIIe siècle, dans Godefroid de Viterbe, *Monumenta Germaniae Historica, Scriptores*, t. XXII, p. 221.

16. J. Ficker, *Forschungen zur Reichs- und Rechtsgeschichte Italiens*, t. II (Innsbruck, 1869), p. 460 n. Les arguments présentés par Fr. J. Voeller, « Der Teilungsplan des Papstes Nicolaus III », *Historisches Jahrbuch*, XXV, 1904, p. 64-81, ne sont pas convaincants ; le pape a pu songer à reconstituer le royaume d'Arles, sans établir le plan des quatre royaumes. Ces questions ont été évoquées, avec clarté et précision, par W. Mohr, « Alexander von Roes in der universalen Reichsauffassung nach dem Interregnum », *Miscellanea Medievalia*, V, Berlin, 1968, p. 270-300, pour le plan des quatre royaumes, p. 297.

17. R. Folz, *Le souvenir et la légende de Charlemagne dans l'Empire germanique médiéval*, Paris, 1950, p. 487-488. Cf. A. Werminghoff, « Die Quaternionen der deutschen Reichsverfassung », *Archiv für Kulturgeschichte*, III, 1905, p. 288-300.

C'est dans cette perspective également qu'il faut situer l'apparition du titre d'archichancelier pour la Gaule et le royaume d'Arles, pris par l'archevêque de Trèves [18].

L'origine de ce titre reste obscure. Il est possible que dans les spéculations des réformistes, on ait voulu établir un parallélisme entre les trois archevêques rhénans en attribuant au seul qui n'en possédait pas une dignité d'archichancelier. La première mention semble en être faite dans un traité canonique composé vraisemblablement en Italie vers 1260-1270 et repris intégralement dans la *Determinatio compendiosa de jurisdictione imperii*, ouvrage attribué à Tholomée de Lucques et à l'année 1281. Par l'intermédiaire de la chronique de Martin de Troppau, rédigée pendant un séjour à Rome, cette titulature aurait été connue dans les pays cisalpins. Dans ces textes il n'est encore question que de la *Gallia*, ce qui, dans le langage de l'époque peut désigner les régions francophones de l'Empire, et plus particulièrement celles de l'ancienne Lotharingie, dont les archevêques de Trèves avaient été archichanceliers entre 895 et 956. Du domaine de la spéculation savante, cette titulature passa dans l'usage des chancelleries, grâce à Baudouin de Luxembourg, devenu archevêque de Trèves en 1307. Dès l'année suivante, il fit élire roi des Romains son frère Henri VII de Luxembourg ; dans la lettre annonçant l'élection au pape Clément V, l'archevêque prenait pour la première fois le titre d'archichancelier *sacri imperii per regnum Arelatense*, avec le consentement tacite du nouveau souverain. Il est possible que cette nouvelle titulature manifeste le dessein de reprendre une politique plus active dans le royaume d'Arles, peut-être en accord avec la curie pontificale. La forme définitive, imposée peu à peu par la chancellerie tréviroise au cours du long épiscopat de Baudouin (1307-1354) et acceptée par Louis IV de Bavière, sera *archicancellarius per Galliam et regnum Arelatense* ; la Bulle d'Or, proclamée par le neveu du prélat, l'empereur Charles IV de Luxembourg, en 1356, la fit entrer définitivement dans les usages diploma-

18. H. BRESSLAU avait fait le point sur cette question dans son *Handbuch der Diplomatik*, I, Berlin, p. 516-518. Un article posthume du même auteur éclaire les origines de la titulature : « Die ältesten Zeugnisse für das Erzkanzleramt der Erzbischöfe von Trier », *Archiv für mittelrheinische Kirchengeschichte*, XIX, 1967, p. 27-40. Pour la chancellerie du royaume de Lorraine, voir H. BRESSLAU, *op. cit.*, p. 419-420, et Th. SCHIEFFER. *Die lothringische Kanzlei um 900,* 1958, tiré à part de *Deutsches Archiv*, t. XIV.

tiques. Il est peu vraisemblable que, pour la puissante personnalité de Baudouin, cette titulature n'était qu'affaire de prestige.

Sans vouloir en tirer des conclusions aventurées, il convient d'indiquer que les pays désignés par cette nouvelle titulature étaient, depuis plus d'un demi-siècle, l'objet de mesures particulières de la part de la curie romaine.

Dans le domaine de la fiscalité, la curie avait dès 1247 attribué au roi de France les décimes levés en vue de la croisade dans les diocèses dépendant des cités francophones de l'Empire ; la liste en varie par la suite ; elle comprend généralement les diocèses de Cambrai, Liège, Verdun, Toul, Metz, et les provinces ecclésiastiques de Besançon, Lyon, Vienne, Tarentaise et Embrun. Si les provinces d'Aix et d'Arles n'y figurent pas, c'est que les diocèses en étaient habituellement attribués aux Angevins de Provence [19].

Les notions de limites étaient d'ailleurs assez floues dans l'esprit des clercs de la curie romaine ; une bulle pontificale rappelait en 1258 qu'aucun texte ne définissait la frontière entre le royaume et l'empire [20].

L'installation de la Papauté en Avignon posait d'ailleurs le problème du statut juridique et féodal des villes et territoires passés sous l'administration pontificale.

Théories ou rêveries politiques, particularismes féodaux, problèmes linguistiques et options politiques contribuaient donc à donner aux Pays d'Entre-Deux une physionomie originale au regard des voisins ; certains faits semblaient même accentuer ces traits depuis la fin du XIII^e siècle. De la Provence à la Flandre, les marchands italiens constituèrent un réseau de comptoirs plus dense

---

19. Ch. AIMOND, *Les relations de la France et du Verdunois de 1270 à 1552,* Paris, 1910, XIX-574 p., p. 36-38, décimes levés en 1247, 1263, 1267 par le roi de France dans les diocèses francophones de l'Empire, Cambrai, Liège, Verdun, Toul, Metz. La question mériterait une nouvelle étude pour la seconde moitié du XIII^e siècle ; les registres des papes fournissent d'abondants documents, notamment pour le décime accordé pour la guerre d'Aragon par Martin IV et Honorius IV (ex. n^os 476, 615, 991, 1143).

20. *Layettes du Trésor des Chartes*, t. IV, E. Berger éd., Paris, 1902, p. 302-303, n° 5439, bulle du pape Clément IV au roi de France, en date du 29 novembre 1268 : « ...fines quidem Imperii discretos a finibus regni tui in nulla scriptura vidimus, et eos distinguere nesciremus, quamvis audieremus ab antiquis quod in locis aliquibus distinguuntur per flumina, in aliquibus per provincias, in aliquibus per dioceses ; sed hoc penitus ignoramus. »

qu'en France et Outre-Rhin. La présence de la Papauté en Avignon attirait de nombreux étrangers dans cette ville ; parmi ceux dont on peut, dans un recensement de 1378, déterminer l'origine, les gens des Pays d'Entre-Deux forment une forte majorité [21].

## 3. Résurgence du royaume d'Arles

Après l'Interrègne, il s'avérait que rien ne subsistait de l'action politique, menée pendant près d'un siècle par les Hohenstaufen dans le royaume d'Arles. Un prince allemand avouait en 1281, qu'en raison de la longue vacance du trône, on avait presque perdu la notion des droits et des limites du royaume d'Arles et que l'Empire s'en trouvait frustré [22].

---

21. B. Guillemain, *La cour pontificale d'Avignon (1309-1376). Étude d'une société*, Paris, 1962, p. 683-685, parle de la « grande voie Provence-Lorraine de l'immigration », et donne la répartition par pays des immigrants dont on peut déterminer l'origine ; les Lorrains et les Bourguignons y forment les contingents les plus forts. Le sujet est repris par l'auteur dans l'article « Hommes, marchands, influences à travers le couloir rhodanien vers Avignon, au XIVe siècle », *Bulletin philologique et historique du Comité des Travaux historiques et scientifiques*, année 1964, Paris, 1967, p. 141-153. Il y est noté que « ces immigrés semblent s'être placés à un niveau social moyen », entre les Italiens, hommes d'affaires et légistes, et les montagnards de Haute-Provence et des Cévennes, hommes de peine. « ...l'effectif des Lyonnais, des Bourguignons, des Lorrains qui entrèrent dans les offices apostoliques, a été très réduit. Ils firent carrière, sans éclat, dans des emplois administratifs et domestiques. Ils ne s'introduisirent guère mieux dans les maisons canoniales. Les ambitions que les clercs de ces régions pouvaient nourrir ne furent pas exaucées, faute de hauts dignitaires ou de princes influents pour en assurer le succès » (p. 148-149).

22. Lettre du duc Jean de Saxe à Rodolphe de Habsbourg, en date du 15 septembre 1281, pour accepter l'éventuelle reconstitution du royaume d'Arles, en exceptant le comté de Bourgogne, Besançon et Lausanne : « ...regnum Viennense [...] per vacationem diuturnam immo longissimum ducentorum annorum et amplius sit destructum in tantum quod ipsius regni iurium et liminum memoria vix existat et ex hoc Romanum imperium utilitatibus debitis et honore congruo defraudetur », publié dans *Sitzungsberichte der Wiener Akademie, Phil. Hist. Kl.*, XIV, p. 171.

L'étude fondamentale pour la partie rhodanienne reste le livre de P. Fournier, *Le royaume d'Arles et de Vienne (1138-1378)*, Paris, 1891, XXII-554 p. Pour le

Cependant les spéculations politiques des curialistes et les ambitions dynastiques de plusieurs maisons princières semblaient devoir rappeler à l'existence le royaume d'Arles. La famille qui manifesta avec le plus de continuité la volonté de reconstituer ce royaume, ce fut la maison d'Anjou. Charles I^er^, marié en 1245 à Béatrice, héritière de la Provence, rachetait en 1257, à Raymond des Baux, les droits que Frédéric II avait confiés à Hugues des Baux en 1215. Contre la politique angevine, fortement engagée en Italie, certains papes suscitèrent d'autres candidatures au royaume d'Arles. Les Habsbourg furent impliqués en plusieurs projets. Les Plantagenêts eux-mêmes, dans une vaste manœuvre politique, prolongeaient leur action en Champagne, dans le Verdunois et le Barrois, jusqu'en Provence [23]. Après l'avènement de Henri VII de Luxembourg (1308), c'est le roi des Romains lui-même qui semblait vouloir rétablir la souveraineté de l'Empire sur le royaume rhodanien ; il octroya des diplômes d'investiture, des concessions de péages et en reçut quelques subsides. La mort prématurée de ce souverain en 1313 ne permit pas de réaliser les projets qu'il formait en faveur de son fils Jean, destiné à recevoir le vicariat d'Empire dans le royaume d'Arles.

L'échec de ces projets successifs et contradictoires s'explique d'abord par la résistance de la noblesse de ces pays. Henri VII n'avait pu obtenir l'hommage de Philippe de France comme comte de Bourgogne, ni de Robert d'Anjou, comte de Provence. La convention que passèrent en 1314 le comte Amédée de Savoie et Jean, dauphin de Viennois, marque leur détermination de s'opposer à

---

comté, voir J.-Y. MARIOTTE, *Le comté de Bourgogne sous les Hohenstaufen, 1156-1208*, Paris, 1963 ; R. GRIESER, *Das Arelat in der europäischen Politik von der Mitte des 10. bis zum Ausgang des 14. Jahrhunderts*, Iéna, 1925 ; F. BAETHGEN, « Das Königreich Burgund in der deutschen Kaiserzeit des Mittelalters », réimprimé dans *Mediaevalia*, I, 1960, p. 25-50. Ne pas négliger l'ouvrage de F. TRAUTZ, cité n. 23. Voir dans P. FOURNIER, *op. cit.*, p. 105-113, 117, les chapitres concernant les premières interventions de Frédéric II et la création de vice-rois ; le revirement de la politique de l'empereur, après 1234, p. 138 ss.

23. Question traitée par F. TRAUTZ, *Die Könige von England und das Reich, 1272-1377*, Heidelberg, 1961 ; voir p. 106-108 (relations de Henri III d'Angleterre avec la Provence et la Savoie), p. 123-126 (projet de rétablissement du royaume d'Arles en 1278 pour un prince d'Anjou, puis pour un prince anglais), p. 140 (alliance avec les nobles franc-comtois en 1297). Voir également P. FOURNIER, *op. cit.* (n. 22), p. 197 ss., la politique de Thomas de Savoie.

toute restauration du pouvoir royal [24]. Quant au roi de France, installé à Lyon et dans le comté de Bourgogne et suzerain de nombreux seigneurs d'Outre-Saône et d'Outre-Rhône, il ne pouvait être tenté par l'offre d'une couronne symbolique. L'acquisition du Dauphiné en 1349 assurait à la monarchie française la route de l'Italie et coupait en deux l'ancien royaume rhodanien.

Les désastres de la guerre de Cent Ans permirent à l'empereur Charles IV de Luxembourg, oncle du roi de France Charles V, de donner un dernier éclat à la couronne arlésienne. Ce prince multiplia les actes de souveraineté, créa deux universités, Genève et Orange, et se fit couronner roi dans la cathédrale Saint-Trophime d'Arles, le 4 juin 1365. Cette politique d'apparat cachait mal une impuissance irrémédiable ; le souverain fut même soupçonné d'avoir troqué le royaume contre un bon repas [25]. Après quelques interventions de Sigismond de Luxembourg, autour de 1415, l'Empire abandonna le royaume d'Arles.

Les princes des fleurs de lis furent les derniers à évoquer les souvenirs de ce royaume dans leurs desseins politiques. Le mariage de Philippe le Hardi et de Marguerite de Flandre, en 1369, fonde le nouvel État bourguignon qui, en cette première étape, comporte, outre des fiefs français (Flandre, Artois, Nevers), des terres d'Empire (Franche-Comté, Salins, Anvers, Malines). La seconde Maison d'Anjou s'installe en Provence en 1380 ; avant d'en devenir le chef, René I^er^ obtient le duché de Bar, puis, par mariage, celui de Lorraine en 1431. Il fut le dernier à revendiquer, non seulement le vicariat d'Empire, mais une juridiction souveraine qu'il voulut étendre sur la ville de Metz en 1445 [26].

---

24. *Monumenta Germaniae Historica, Legum Sectio IV, Constitutiones*, t.V (Hanovre-Leipzig, 1909-1913), p. 87-88 : convention entre les deux princes, du 17 octobre 1314.

25. P. FOURNIER, *op. cit.* (n. 22), p. 476. L'anecdote, narrée par Thierry de Niem dans des œuvres publiées quarante ou cinquante ans après l'avènement supposé, a connu une large diffusion.

26. Texte des demandes faites par René I^er^ d'Anjou aux magistrats de Metz (B. N., français 18908, f° 82r°-83v°) ; édité par P. MAROT dans la *Bibliothèque de l'École des Chartes*, CII, 1941, p. 141-155 : « Item, demande satisfaction et amendise de ce que la cité a par force de menace et constraint ses subgetz de les non vouloir lasser rappeller à Arles le Blanc de jugement ou santances de Mets pourtant que desdict appel il doit avoir la cognoissance ad cause de la seigneurie

Malgré les interventions des princes français, du duc de Savoie et du prince d'Orange, qui se multiplièrent dans les pays rhodaniens de 1419 à la paix d'Arras en 1435, Lyon, « clef des pays de nostre royaume », resta fidèle à Charles VII et l'autorité royale fut rétablie dans le Dauphiné. Il semblait inutile de vouloir opposer à la présence française dans les pays rhodaniens le souvenir évanescent d'un royaume sans assises. Plus au nord, en revanche, la formation de l'État bourguignon insérait entre la France et l'Allemagne une puissance territoriale pour laquelle il était tentant de ressusciter un titre royal.

## 4. Lotharingie ou Bourgogne ? Arguments historiques de la politique princière

Les possessions de Philippe le Bon formaient deux groupes isolés par la Champagne et la Lorraine, et le centre de gravité de l'ensemble se déplaçait vers les régions que l'on commençait à appeler les Pays-Bas. Les lignes de communication entre les territoires bourguignons avaient été visées par les interventions du duc Louis d'Orléans sur la Meuse et la Moselle, dans les premières années du XVe siècle [27]. Brutalement arrêtée par le meurtre du duc en 1409, et différée en raison de la guerre franco-anglaise, cette politique fut reprise par Charles VII, en 1444-1445, lorsqu'il lança ses armées sur la Lorraine et l'Alsace.

Du côté de l'Empire, les puissances territoriales les plus imposantes se formaient à l'Est, tandis qu'à l'Ouest, les pays rhénans et mosellans présentaient une mosaïque de mouvances, infestée par les guerres privées. Certaines maisons princières tentèrent de rassem-

de ladicte Arle que luy appartient. » Arles-le-Blanc est bien Arles-sur-Rhône, considéré ici comme capitale du royaume de ce nom. Sur ce toponyme, fréquemment utilisé dans les chansons de geste, cf. *Histoire littéraire de la France*, t. XXXVIII, 1949, p. 609, n. 1, et 666.

27. J. SCHOOS, *Der Machtkampf zwischen Burgund und Orleans unter den Herzögen Philipp dem Kühnen, Johann ohne Furcht von Burgund und Ludwig von Orleans* (Publications de la section historique de l'Institut grand-ducal de Luxembourg, vol. LXXV), Luxembourg, 1956.

bler des terres et d'établir des alliances, comme les comtes palatins, les margraves de Bade ou les princes du Rhin inférieur ; leurs succès furent limités et souvent précaires [28]. Guerres et coups de main représentaient les moyens habituels de régler les problèmes ; les tentatives de paix générale (*Landfrieden*) n'avaient guère d'effet. L'Empereur incarnait encore le principe monarchique, mais vidé de tout pouvoir efficace ; en face de lui, la diète, représentant les divers « États » de l'Empire, apparaissait surtout soucieuse de défendre le particularisme et présidait, en fait, à l'anarchie.

Cette situation suscitait des projets de réforme. Des œuvres marquées de l'esprit de renouveau nous ne retiendrons ici que deux détails. Thierry de Niem (1340-1418), l'un des esprits originaux de l'époque, recommandait de rétablir le pouvoir impérial dans les anciennes limites de l'Empire, et notamment en Bourgogne et en Italie. A la génération suivante, un traité d'esprit vigoureusement novateur, la *Reformatio Sigismundi*, demandait la création de quatre vicariats d'Empire, afin de donner plus d'efficacité à l'autorité souveraine [29].

28. L'histoire de la formation territoriale dans ses divers aspects a été renouvelée par les études publiées dans *Vorträge und Forschungen*, XIII, 1970, et XIV, 1971, sous le titre général *Der deutsche Territorialstaat im 14. Jahrhundert* ; les articles suivants se rapportent plus particulièrement à la région étudiée ici :
– R. Laufner, « Die Ausbildung des Territorialstaates der Kurfürsten von Trier », p. 127-146 ;
– A. Gerlich, « Rheinische Kurfürsten im Gefüge der Reichspolitik des 14. Jahrhunderts », p. 149-169 ;
– M. Schaab, « Die Festigung der pfälzischen Territorialmacht im 14. Jahrhundert », p. 171-197.

L'article plus ancien de L. Petry, « Das politische Kräftespiel im pfälzischen Raum vom Interregnum bis zur französischen Revolution », *Rheinische Vierteljahrsblätter*, XX, 1955, p. 80-111, donne des cartes très utiles sur la Hesse, p. 86, les territoires rhénans en 1466, p. 100, et la politique badoise, p. 101.

29. Le mouvement réformiste qui réclamait la réorganisation de l'Empire a été analysé dans B. Gebhardt, *Handbuch der deutschen Geschichte*, 8$^{e}$ éd. sous la direction de H. Grundmann, Stuttgart, 1954-1955, t. I, p. 551-555, 579-583, 683-684, t. II, p. 322-327. Pour Thierry de Niem, la meilleure étude d'ensemble est celle de H. Heimpel, *Dietrich von Niem*, Münster-en-Westphalie, 1932 ; pour les sujets évoqués ici, voir p. 160-161. Voir aussi *Reformatio Sigismundi*, c. 17, éd. K. Beer, *Die Reformation Kaiser Sigmunds, Beiheft zu den deutschen Reichtagsakten*, 1933, p. 131. Parmi les ouvrages récents, voir H. Angermeier, *Königtum und Landfriede im deutschen Spätmittelalter*, Munich, 1966, 592 p.

Il était temps de faire concourir la seule puissance politique réelle, le pouvoir territorial d'un prince, à la réalisation de réformes que ni l'Empereur, ni la diète n'étaient en mesure d'accomplir.

Dans ce contexte apparaît l'idée d'un royaume intermédiaire : en 1447, le chancelier impérial Gaspar Schlick imaginait de proposer au duc de Bourgogne

> « de prendre couronne au tiltre d'aucun de ses pays come de Frise, qui de ancien temps a esté royaume, ou de Brabant, qui est la plus ancienne et excellent duchié de toute la chrétienneté et dont les plus notables princes chrétiens ont naissance » [30].

Du côté impérial, on retrouve les mêmes éléments qu'un siècle et demi plus tôt, à propos du royaume d'Arles. La proposition vient de la chancellerie impériale, elle s'accompagne d'un projet de mariage entre les membres des deux familles princières intéressées, et lorsque les négociations butent sur des difficultés, la solution de rechange apparaît, celle du vicariat d'Empire.

De 1447 jusqu'à l'entrevue de Trèves en 1473, les projets d'une royauté ou d'un vicariat d'Empire occupent tour à tour les chancelleries et seront généralement accompagnés d'un projet de mariage princier. Au cours de ces négociations, le souvenir de la Lotharingie se précise. Dès 1447, la chancellerie du duc de Bourgogne imaginait bien le nouveau royaume comme devant comprendre dans sa mouvance les principautés du Rhin inférieur, mais aussi celles de Haute-Lorraine, à savoir Bar, Vaudémont et Lorraine [31] :

> « pro declaracione autem limitum regni predicti et feodorum ipsius videtur, quod prefatus dominus meus dux Burgundie tenere et habere posset regnum istud simili modo et per talem divisionem olim factam de imperio tempore quondam regis Lotharii, qui per partagium factum cum fratribus suis successoribus Karoli magni imperatoris, suum tenebat et habebat regnum. »

A quoi la chancellerie impériale répondait :

---

30. A.-M. et P. BONENFANT, *art. cit.* (n. 1), p. 12.

31. H. GRUENEISEN, « Die westlichen Reichsstände in der Auseinandersetzung zwischen der Reich, Burgund und Frankreich bis 1473 », *Rheinische Vierteljahrsblätter*, XXVI, 1961, p. 22-77.

« De divisione facta tempore regis Lotharii etc, illa facta fuit inter fratres, ubi fuit equalis successio, sed hic fieret divisio inter dominum et vassalum et dimembracio imperii, quam rex nequaquam faciet. »

Le Grand Duc d'Occident s'entendait donc rappeler sa situation de vassal à l'égard du souverain allemand. Les officiers du duc cependant avaient une conception différente qui apparaît lors d'un conflit de limites entre le comté de Bourgogne et la France en 1452 :

« De toute ancienneté ont esté contes et seigneurs palatins, usans et joyssans de tous drois, haultesses d'empire et de souverainneté et non recognoissans en ressort ne en aultre manière quelconque ledit royaume de France.

« Et n'est pas chose estrange ne nouvelle que ledit conte de Bourgogne ait seignourie souveraine [...] car le pays et nacion de Bourgongne a eu de grande ancienneté royaume exellant qui contenoit et s'extendoit en long dès la rivière du Rin, qu'est es parties d'Alemainne, jusques à Arles le Blanc, qu'est es parties de la mer devers Marseilles, et duroit de large dès les pays de Provence, qu'est es parties des Ytalies, jusques es fluves et rivières de Marne et de Seine jusques à la ville de Sens en Bourgongne inclusivement.

« Ledit royaume de Bourgongne par divisions et infortunes de guerres fu, jà long temps a, réduit à aultre tiltre et seignorie, et duquel royaume la portion dudit comté de Bourgongne demoura en la haultesse et souverainneté en laquelle ledit royaume de Bourgongne avoit esté entretenu et gouverné. » [32]

La grande Bourgogne évoquée ici tient à la fois de la Burgondie franque, de la Lotharingie et du royaume d'Arles.

L'idée d'un royaume fondé sur une des principautés bourguignonnes fut encore évoquée à la diète de Ratisbonne en 1454. Mais lors des négociations de 1459-1460, c'est bien l'ancienne Lotharingie qui apparaît, et les instructions d'Antoine Haneron [33], datées du 1$^{er}$ mai 1460, en donnent une description très précise :

---

32. J. Richard, « Les débats entre le roi de France et le duc de Bourgogne sur la frontière du royaume à l'ouest de la Saône : L'enquête de 1452 », *Bulletin philologique et historique (jusqu'à 1610) du Comité des Travaux historiques et scientifiques (année 1964)*, Paris, 1967, p. 113-132, texte cité p. 120.

33. H. Stein, « Un diplomate bourguignon du XV$^{e}$ siècle. Antoine Haneron » *Bibliothèque de l'École de Chartes*, XCVIII, 1937, p. 310-324.

« Car l'on treuve par anciennes cronicques que l'Empire ne souloit s'extendre que jusques à Rin, et entre le Rin et le royaume de France estoit un royaume bel et grant, contenant plusieurs belles et grandes villes et citez que l'on nommoit le royaume de Lothier, et trouve l'on que le royaulme de Lothier estoit ung royaume scitué entre l'Escaut et le Rin et entre Bourgoigne et la mer de Frise, onquel royaume sont trois eglises metropolitaines, assavoir Maiance, Treves et Coulongne, et les cathedrales que s'ensuyvent, Mex, Toul, Verdun, Cambrai, Liege et Utrecht ; et à cause de Lothaire premier roi... »

Il n'était d'ailleurs pas question de restaurer le royaume, mais simplement de justifier, par cet exemple, les privilèges que demandait le duc. Devant les exigences du duc de Bourgogne, nouveau repli sur la proposition d'un simple vicariat d'Empire, qui fut offert derechef en 1462-1463, lorsqu'il fut question pour la première fois d'un mariage entre Maximilien d'Autriche et Marie de Bourgogne [34].

Les historiens ont bien noté l'accélération du rythme dans la politique bourguignonne depuis l'avènement de Charles le Téméraire en 1467. Son dessein était de parfaire l'assiette territoriale de son État par l'acquisition du duché de Gueldre, la soumission de Liège et de Gand, la conquête de la Lorraine et la consolidation des positions bourguignonnes en Alsace ; il aura également des visées sur l'héritage du roi René en Provence. Au cours de ses dix années de règne les évocations historiques prennent une consistance et une cohérence qu'elles n'avaient pas chez les légistes de Philippe le Bon.

Encore peu sensible au prestige de la couronne de roi des Romains, offerte par quelques princes en 1469-1470, Charles le Téméraire semble s'être laissé tenter quand l'Empereur lui-même fit des avances et voulut mener de front l'élévation du duc à la dignité royale et le mariage de Maximilien d'Autriche avec Marie de Bourgogne, déjà promise au duc Nicolas de Lorraine. Ce n'est pas le lieu de refaire le récit des négociations de Trèves en 1473 ; il suffira de noter que la tradition bourguignonne semblait l'emporter sur l'idée lotharingienne [35].

---

34. H. GRUENEISEN, *art. cit.* (n. 31), p. 35 : « ... ac tibi vicariatum imperii in terris gallicanis ultra Rhenum concedere statuisse. »
35. H. STEIN, *art. cit.* (n. 33), p. 339-341, publie le texte de la convention établie entre Frédéric et Charles le Téméraire à la date du 7 novembre 1473, à Trèves.

« Serenissimus dominus imperator consentit illustrissimo domino duci Burgundie restaurare et erigere ac ex nunc restaurabit et eriget regnum Burgundie in personam prefati domini ducis pro se et suis heredibus et successoribus masculis et feminis quibuscumque, cum omnibus dignitatibus, juribus et prerogativis quae ad ipsum Burgundie quandocumque pertinent. »

La fuite de l'Empereur, abandonnant nuitamment son hôte à Trèves, mit fin à ces projets que les princes électeurs ne pouvaient entériner.

Le duc de Bourgogne accentue alors sa pression sur ses voisins. L'ampleur de ses desseins est révélée par le discours prononcé à Nancy, en novembre 1475, après la conquête de la Lorraine [36]. « Maintenant je suis entre Alemaigne et France plus fort que devant. Tous me craindront ; ils cognoissent que je suis puissant. » Nancy devait devenir le centre administratif de l'État bourguignon. L'idée lotharingienne était formulée avec netteté et fondée sur une réalité politique ; c'était le duc de Bourgogne qui la définissait à son profit dans la capitale de la Lorraine ducale [37].

La mort de Charles le Téméraire mit fin à ces projets grandioses. La victoire de Nancy, remportée par les milices suisses, les contingents des villes alsaciennes et les fidèles de René II de Lorraine, marquait le triomphe du particularisme auquel le Téméraire s'était heurté partout. Lorsque se réalisa le mariage de Marie de Bourgogne avec Maximilien d'Autriche, l'héritage bourguignon se trouvait engagé dans un complexe territorial et politique qui, avec les Grandes Découvertes, allait prendre des dimensions mondiales et servir des desseins bien plus ambitieux que ceux des ducs de Bourgogne.

---

36. Cité d'après la *Chronique de Lorraine*, L. Marichal éd. (Recueil de Documents sur l'Histoire de Lorraine, V), Nancy, 1859, p. 202. Le récit de la chronique est confirmé par la lettre d'un ambassadeur milanais présent à cette séance des États généraux ; cf. Ch. PFISTER, *Histoire de Nancy*, t. I, Nancy, 1902, p. 698-699.
37. Voir J. BARTIER, *Charles le Téméraire*, Bruxelles, 1944, p. 234.

## 5. En marge des nouvelles puissances : particularisme ou patriotisme ?

Dans le jeu des forces politiques tel qu'il se dessine avec la formation de l'empire des Habsbourg et les progrès de la monarchie française, les Pays d'Entre-Deux avaient à définir leur attitude dans des perspectives nouvelles, celles d'une lutte pour l'hégémonie en Europe. De la Méditerranée au Rhône moyen, le pouvoir du roi de France ne devait plus être sérieusement contesté après l'acquisition de la Provence en 1481. L'idée d'un royaume d'Arles ou d'un royaume de Bourgogne disparaît de l'arsenal juridique ou rhétorique des diplomates et juristes [38]. Mais du Rhône moyen à la mer du Nord, l'héritage du Téméraire restait l'un des enjeux de la lutte entre les Valois et les Habsbourg.

Dans cette région qui s'étendait sur l'ancienne Lotharingie et la Bourgogne impériale, les possessions bourguignonnes, passées à la maison d'Autriche, restaient groupées dans une des divisions territoriales entre lesquelles Maximilien avait fait répartir l'Empire ; elles formaient le Cercle de Bourgogne (*Burgundischer Kreis*) qui finit par comprendre la Flandre et l'Artois, détachés de la mouvance française. L'œuvre administrative commencée par les ducs de Bourgogne était continuée par les Habsbourg. Divers projets d'érection des Pays-Bas en royaume virent le jour dans les premières décennies du XVIe siècle ; ce fut, selon les termes de P. Bonenfant, « l'un des éléments du programme de centralisation et d'unification monarchiste des princes de la Maison d'Autriche » [39].

Hors du domaine bourguignon, la région restait divisée entre de nombreux territoires et seigneuries, où les duchés de Savoie et de Lorraine représentaient des entités plus importantes, sollicitées par les puissances rivales.

38. M.-A. Arnould, « L'empereur Maximilien songea-t-il à ériger les Pays-Bas en royaume ? », *Revue de l'Université de Bruxelles*, XLI, 1935-1936, p. 263-285, a montré le peu de consistance du projet de 1508, qui aurait proposé de grouper les biens héréditaires de la Maison d'Autriche et la Franche-Comté en un royaume ; voir notamment les conclusions, p. 277.
39. P. Bonenfant, *art. cit.* (n. 1), 1935-1936, p. 168.

Il se posait pour eux le problème de leur place dans l'Empire. Les mouvements réformistes avaient fini par aboutir à des compromis entre Maximilien et les États de l'Empire ; la diète de Worms de 1495 avait proclamé la paix générale et défini ses exigences, réorganisé la Chambre Impériale comme juridiction suprême et établi un impôt d'empire ; la création des cercles fut, semble-t-il, l'élément le plus efficace de cette réforme [40]. A la même époque, l'Empire romain s'affirma « de nation germanique », accentuant un mouvement « national » sensible depuis quelques générations. La capitulation électorale, acceptée par Charles-Quint lors de l'élection impériale de 1519, insistait sur le caractère allemand de l'Empire et imposait au souverain de ne recourir, pour le « régiment » et l'administration, qu'à des hommes de nation germanique [41]. Les États « welsches » de l'Empire se sentaient de plus en plus étrangers à un corps politique, mené par les électeurs et quelques autres princes [42].

Du côté français, Gilles le Bouvier, héraut d'armes de Charles VII, s'était déjà étonné d'entendre les Lorrains se dire « Allemands, combien qu'ils parlent françois » [43]. Le nationalisme linguistique, dont le cheminement est délicat à déceler, devient l'une des composantes des problèmes avec la défense des « libertés » et des « coutumes ».

Dans ce climat, l'opposition aux réformes de l'Empire, se manifestant dans toutes ses régions, prenait un caractère particulièrement net aux limites des pays allemands. Ce mouvement reste à étudier dans son ensemble, bien que les étapes en soient connues. Des États ou communautés de l'Empire refusent les « nouveautés », notamment la juridiction de la Chambre Impériale et l'impôt commun. Les cantons suisses prennent les armes et après une guerre

---

40. B. GEBHARDT, *op. cit.* (n. 29), 8$^{e}$ éd., t. I, p. 322-323.

41. A. DIEHL, « Heiliges römisches Reich deutscher Nation », *Historische Zeitschrift*, CLVI, 1937, notamment p. 472 et 475, où Charles le Téméraire est qualifié de « Verwüster Tutscher Zung » ; capitulation électorale de 1519 éditée dans *Deutsche Reichstagsakten unter Kaiser Karl V*, t. I, n° 387, p. 864-876 ; voir notamment l'art. 3 (p. 866) : « erlich regiment mit [...] redlichen personen Teutscher Nation » ; art. 15 (p. 870-871) : les officiers de la cour et de l'administration « kainer andern nation dan geborn Teutschen » ; art. 16 (p. 871) : usage de l'allemand et du latin.

42. W. ANDREAS, *Deutschland vor der Reformation*, 5$^{e}$ éd., Stuttgart, 1948, p. 230-231.

43. Cité par P. MAROT, « Les voyages de Gilles le Bouvier en Lorraine en 1450 », *Le Moyen Âge*, XXXVII, 1927. p. 280-293, passage visé p. 283.

très dure obtiennent à la paix de Bâle, en 1499, leur exemption de la juridiction impériale et des impôts ; les villes de Bâle et de Schaffhouse rejoignent la confédération en 1501. En fait un nouvel État est né, même si la reconnaissance de son indépendance tardera jusqu'en 1648 [44].

Comme princes territoriaux, Maximilien et Charles-Quint n'étaient pas disposés à accepter des réformes que les États de l'Empire entendaient développer à leur profit plutôt qu'en faveur de la monarchie impériale. Par intérêt dynastique l'Empereur, renonçant à en faire un royaume, s'attachait à préserver l'autonomie de ses domaines des Pays-Bas où l'on refusait de reconnaître la juridiction de la Chambre Impériale et de payer l'impôt commun. Les transactions d'Augsbourg, du 26 juin 1548, et leur confirmation, la Pragmatique Sanction, du 4 novembre 1549, faisaient aux Pays-Bas dans l'Empire une situation analogue à celle qui avait déjà été reconnue aux Suisses et au duc de Lorraine [45]. Aux Pays-Bas, « l'unité nationale s'accomplit au profit d'une puissance étrangère et la contradiction qu'elle implique prépare, à l'insu de tout le monde, la révolution prochaine » [46]. Une nouvelle nationalité, un nouvel État allaient naître de cette révolution et d'une longue guerre.

Revenons à la région lorraine. Depuis la défaite du Téméraire, la concentration territoriale y avait fait des progrès au bénéfice du duché de Lorraine ; mais les trois cités de Metz, Toul et Verdun échappaient toujours au duc et les principautés épiscopales, bien que largement entamées par les engagères et administrées par des princes lorrains, n'auraient pu être unies au duché sans soulever de graves oppositions dans l'Empire [47].

La situation est remarquablement analysée dans un mémoire rédigé à l'usage des magistrats messins, au début de l'année 1533. Metz se trouvait isolée et mesurait sa faiblesse militaire ; il était constaté que les villes d'Empire étaient trop éloignées et ne parlaient pas la même langue. Et le mémoire continuait :

---

44. B. Gebhardt, *op. cit.* (n. 29), II, p. 12-13 ; W. Andreas, *op. cit.* (n. 42), p. 229-230.
45. H. Pirenne, *Histoire de Belgique*, t. III, 2e éd., Bruxelles, 1912, p. 139-142.
46. *Ibid.*, p. 142.
47. R. Parisot, *Histoire de Lorraine*, t. I, Paris, 1919, p. 360-366.

> « il est tout aussi notoire et manifeste que lesdites maisons de Bourgogne et de France sont continuellement en picques, discussions et dangers de guerre l'une contre l'autre, par quoy si ladite cité estoit joincte à l'une ou à l'autre, elle seroit en ce même dangier. » [48]

Metz refusait de reconnaître la juridiction de la Chambre Impériale et faisait des difficultés pour payer l'impôt commun. Les magistrats se proclamaient vicaires-nés du Saint-Empire et revendiquaient de ce fait « le régime, conduicte, gouvernement et l'entière administration et justice de la dite cité ». Quant à l'impôt, les députés de la ville devaient :

> « remonstrer à Sa Majesté la scituation de ceste cité, la povreté et indigence d'icelle, et les gros affaires qu'elle a heu par cy devant et en apparance d'avoir cy-après, et tascher, devers saditte Majesté, si possible est tenir ceste cité exempte desdittes aydes. »

Toutefois, pour sauver la chrétienté des Turcs,

> « sy est-il raisonnable que ceste ditte cité luy (à l'empereur) baille, en don gratuit, quelque bonne grosse somme, que poura estre moyen de laditte exemption. » [49]

La position du duc de Lorraine était identique. Dès 1529, Ferdinand, roi des Romains, avait fait savoir à son frère l'empereur que le duc était décidé aux mesures extrêmes pour refuser la juridiction de la Chambre Impériale :

> « Et à ceu qu'ay peu entendre, avant que de respondre devant ladite chambre, veu que de toute ancienneté ne l'a faict, il et sa noblesse mectront plutost leurs personnes et leurs biens pour en actandre la fortune » (20 avril 1529).

Quand le duc eut contribué à l'imposition pour la guerre contre les Turcs, il se fit donner des lettres de non-préjudice, notant qu'il avait contribué

---

48. Archives communales de Metz, AA 10, pièce 51. Le document est analysé et replacé dans son contexte messin par H. TRIBOUT DE MOREMBERT, *La Réforme à Metz. I, Le luthéranisme, 1519-1552* (Annales de l'Est, Mémoire n° 36), Nancy, 1969 ; voir p. 87-93 ; les citations p. 91-92.
49. *Histoire de Metz*, t. VI, Metz, 1790, p. 770 ; dans l'acte notarial dressé à l'occasion de l'entrée de Charles-Quint à Metz en janvier 1541. L'autre passage, *ibid.*, p. 768, dans les instructions données aux représentants des magistrats députés auprès des membres du clergé.

« seulement de son franc, pur et libéral vouloir non point à cause de l'empire, mais pour amyablement condescendre à vostre priere et exhortation et non pour aultre cause, affaire, question ou guerre » (20 mai 1529) [50].

L'impuissance à laquelle était réduite la diète impériale est fort bien exprimée dans un rapport du procureur fiscal impérial, datant de la même époque. Après avoir constaté que le duc de Savoie, le prince de Chalon (Orange), le duc de Lorraine, les évêques de Lausanne, Genève, Toul, Verdun et Metz refusaient l'impôt, il demandait que l'on délibérât spécialement sur le cas des États « welsches » sans dissimuler le caractère inextricable de la situation.

« Car, dit-il, si l'on procède contre eux avec sévérité, en les mettant au ban de l'empire et en les privant des droits régaliens, on pourrait les éloigner de l'empire et les en exclure, pour les conduire de ce fait à accepter une autre souveraineté. Mais si l'on n'entreprend rien contre eux, on n'en tirera pas plus de profit et l'empire perdra ses impositions. » [51]

Duché, évêchés et cités de Lorraine mirent à profit cet embarras pour arracher des concessions à la diète impériale ; mais ils menèrent leurs revendications en ordre dispersé. En raison de l'état des archives nous sommes mieux renseignés sur les affaires lorraines. Le duc fit entrer en lice juristes et humanistes « pour deffention de

---

50. *Deutsche Reichstagsakten unter Kaiser Karl V*, t.VII, 1, Stuttgart, 1935, p. 862 et n. 2.

51. *Ibid.*, p. 1366 : conclusions de la commission chargée d'examiner les suppliques présentées à la diète ; le procureur fiscal impérial demande des instructions : « ...dem Kaiserlichen stathalter und Regiment zu befelhen, auch zu beratschlagen, wie es der fiskal mit den welschen stenden halten solle, als nemlich Sophey, prinz von Kalin (Chalon), herzog zu Lottringen, bischof zu Vollnsan (Lausanne), bischof zu Gengf, bischof zu Tol, bischof zu Metz, bischof zu Verdun. Dan soll man gegen inen handeln mit der scherpf der acht und privirung irer regalien, mocht man sie vom reich gar verscheichen und vertreiben, das sie sich an ain ander herschaft ergeben. Soll man dan gegen inen nichts furnemen, so bringt es auch kein nutz und werden die anschlege dem reich entzogen. »

Voir *ibid.*, p. 1360-1364, l'état des membres défaillants où le procureur fiscal recommande de ne pas précipiter la procédure du bannissement contre les Messins, la raison donnée (p. 1364) : « ...etwievil der stat obrist bi den welschen herrn dienstgelt haben und die stat etwas nach bi den grenzen ksl. m. widerwertigen ligen, hab ich die acht zu pitten bis itzo underlassen, damit ich nit ursach geb, die stat sich an ander herschaften verfugte... »

l'exemtion, franchise et liberté de la duchié de Lorraine » [52]. Les objectifs étaient nettement formulés :

> « Je conclud ledict pays et duchié de Lorraine franche, exempte et privilegiée de toutes servitude et subjection quelconque mondaine. » [53]

Et plus nettement encore :

> « Le duché de Lorraine est une monarchie et principauté libre de la chrestienté, non subjecte au Sainct Empire. » [54]

Restait à justifier ces prétentions devant les instances de l'Empire et éventuellement devant le Parlement de Paris, lorsque le duc y était cité pour le Barrois mouvant. Pour y parvenir, les princes lorrains engagèrent des juristes et des lettrés. Des œuvres nombreuses furent composées en un demi-siècle pour soutenir les prétentions des ducs à la souveraineté et à l'indépendance [55].

---

52. C'est le titre du mémoire de N. DE L'ESCUT, cité n. 55.
53. Ce mémoire, f° 452.
54. Mémoire de 1541-1542, Arch. dép. Meurthe-et-Moselle, B 416, f° 47-51, édité par H. LEPAGE dans *Recueil de documents sur l'Histoire de Lorraine*, I, Nancy, 1855, p. 195, 199-210.
55. Sur le plus ancien de ces traités, voir l'étude de P. MAROT, « La brève généalogie du duc de Lorraine René II (1504-1505) », *Annuaire de la Société d'Histoire et d'Archéologie de la Lorraine*, XXXIX, 1930, p. 95-126 ; il s'agit d'un mémoire anonyme conservé à la Bibliothèque de l'Institut de France, ms. 679.

Sous le règne d'Antoine (1508-1544), cette littérature est particulièrement abondante :

– Symphorien CHAMPIER, *Le recueil ou cronicques des hystoires des royaulmes d'Austrasie ou France orientale dite a present Lorraine*, Nancy, 1510 ;
– Nicolas VOLCYR, *Cronicque abregee par petis vers huytains des empereurs, roys et ducz d'Austrasie ....*, Paris, 1530 ;
– Edmond DU BOULLAY, *Les généalogies des très illustres et très puissans princes, les ducz de Lorraine, marchis...*, Paris, 1549.

Sont restés manuscrits :

– Nicolas DE L'ESCUT, *Pour deffention de l'exemtion, franchise et liberté de la duchié de Lorraine*, daté du 16 novembre 1536, Bibl. mun. Nancy, ms. 179, f° 438-452 ;
– Jean D'AUCY, *Epitome des gestes de soixante-trois ducs de Lorraine, depuis Lother jusques a present*, dont l'original vient d'entrer récemment à la Bibl. mun. de Nancy, ms. 1696.

On n'a pu retrouver jusqu'ici l'ouvrage d'Alberic BRIEL, *Discours sur l'ancienneté et souveraineté du duché de Lorraine*, signalé par Dom CALMET, *Histoire de Lorraine*, 2e éd., t. IV, *La Bibliothèque lorraine*, Nancy, 1751, c. 168-169.

Les historiens ont généralement méprisé ces ouvrages, et notamment leurs parties légendaires. Or, ce sont précisément ces souvenirs confus et glorieux qui pouvaient séduire les populations, sans convaincre pour autant les légistes de la partie adverse.

Dans cet arsenal pseudo-historique et pseudo-juridique confluent tous les thèmes de l'histoire légendaire de la Maison de Lorraine [56]. Il est cependant surprenant de constater que les légistes du duc n'insistaient guère sur le souvenir du royaume carolingien dont leur État perpétue le nom. Leur ascendance carolingienne ne devait leur être perceptible que par leurs alliances avec la Maison de France, notamment après les mariages angevins. Or la royauté française avait, depuis le XIIe siècle, mobilisé à son profit la légende carolingienne ; s'affirmant héritière de l'Empire dans son ensemble, la monarchie française ne pouvait être contestée par le souvenir d'un partage éphémère de cet empire. Il faut attendre le règne de Charles III, duc de Lorraine, et ses interventions dans les Guerres de Religion, pour voir apparaître plus nettement les thèmes carolingiens, en même temps que la candidature au trône de France ; encore le souvenir de Godefroid de Bouillon concurrença-t-il celui de Charlemagne dans les écrits de propagande [57].

Puisqu'il fallait des arguments historiques, les agents du duc de Lorraine allèrent d'abord les chercher dans un passé plus lointain, l'époque mérovingienne, le royaume d'Austrasie. Les connaissances historiques étaient mieux assurées. Robert Gaguin avait publié son *Compendium de Francorum origine et gestis*, ouvrage qui

Les arguments historiques sont utilisés dans les procès soutenus devant le Parlement de Paris ; il en est deux dont les dossiers sont mieux connus :

– H. STEIN et L. LE GRAND, *La frontière d'Argonne (843-1659). Procès de Claude de la Vallée (1535-1561)*, Paris, 1905 ;

– J. RIGAULT, « La frontière de la Meuse. L'utilisation des sources historiques dans un procès devant le Parlement de Paris en 1535 », *Bibliothèque de l'École des Chartes*, CVI, 1945-1946, p. 80-99, notamment la plaidoirie de l'avocat Longueval pour la chapitre de Toul, p. 93-99.

56. D'après les documents étudiés par J. SCHNEIDER, « Notes sur quelques documents concernant les cités lorraines au Moyen Âge », *Revue historique de la Lorraine*, LXXXVII, 1950, p. 37-40.

57. L. DAVILLÉ, *Les prétentions de Charles III, duc de Lorraine, à la couronne de France*, Paris, 1908.

a visiblement été utilisé dans les mémoires des juristes et diplomates [58]. Il était sans doute tentant de rappeler aux agents de l'Empereur que ce royaume d'Austrasie existait bien avant la translation de l'Empire aux Germains [59]. Mais la Maison d'Autriche, installée aux Pays-Bas, pouvait, elle aussi, invoquer les souvenirs et ne s'en faisait pas faute [60]. Quant au Parlement de Paris, le procureur général du roi y réfutait aisément ces arguments historiques ; entre Clovis et Clotaire Ier le souvenir de Thierry Ier, roi d'Austrasie, s'éclipsait [61].

Finalement c'est dans la Lotharingie du Xe siècle qu'on trouva les exemples historiques pour appuyer cette politique. Le royaume d'« Austrie mosellanique » était assimilé à la Lotharingie et à la Lorraine, deux personnages étaient appelés à servir de caution pour ces revendications, Regnier au Long Col et Charles de Basse-Lorraine, l'un marquis souverain et l'autre duc indépendant du royaume lotharingien.

Confusions et contradictions abondaient dans ce fatras, comme l'observait Edmond du Boullay :

> « Et en cest endroict me veulx un peu arrester pour esclaircir et accorder les diverses opinions de tant d'historiographes gaulloys, germains et latins, qui ont diversement escript de l'antique origine du nom de Lorraine et de la première institution du souverain tiltre de marchis en Lorraine, tellement qu'entre si grande diversité d'opinions, sembleroit trop plus tost obtenebrer ladicte institution que la perpetuer. » [62]

Ces argumentations n'impressionnèrent pas les légistes du roi de France qui par la convention du 15 novembre 1541 limitaient l'exercice des « droits de régale et de souveraineté » dans le

---

58. L'ouvrage de R. Gaguin a été imprimé quatre fois de 1495 à 1501, puis à diverses reprises au XVIe siècle, avec des additions. Une traduction française par Pierre Desrey parut peu après 1514. Pour l'utilisation de Gaguin, voir par exemple les textes édités par H. Stein et L. Le Grand, *op. cit.* (n. 55), p. 168 (plaidoirie pour le duc de Lorraine devant le Parlement de Paris).

59. D'après un mémoire de 1532, édité par O. Winckelmann dans son article cité n. 65, p. 199. Mais l'argument se retrouve souvent sous la plume des légistes lorrains.

60. M.-A. Arnould, *art. cit.* (n. 38), p. 265.

61. S. Champier, *op. cit.* (n. 55), f° 10r° ; N. Volcyr, *op. cit.* (n. 55), f° 4v°.

62. E. du Boullay, *op. cit.* (n. 55), f° b1.

duché de Bar à la vie du duc et de son fils François [63]. L'année suivante l'action entreprise à l'égard de l'Empire depuis 1523 aboutissait au traité de Nuremberg, du 26 août 1542 : cette convention maintenait le duché de Lorraine sous la protection de l'Empire, limitait aux deux tiers de la contribution d'un prince électeur les impositions d'Empire, déclarait la Lorraine « duché libre et non incorporable », et l'exemptait de la juridiction de la Chambre Impériale [64].

Ce compromis de Nuremberg a été tour à tour interprété comme sanctionnant l'indépendance de la Lorraine ou comme un tissu de contradictions n'entamant pas la souveraineté de l'Empire [65]. En fait, cette convention s'insérait dans le fil d'une politique qui avait reconnu aux cantons suisses des avantages comparables au traité de Bâle de 1499 et devait valoir aux Pays-Bas la transaction d'Augsbourg de 1548. Réalisés dans des conditions géographiques, politiques et économiques très différentes, ces statuts juridiques analogues pouvaient sans doute conduire à l'indépendance, mais par des voies diverses ; pour les cantons suisses comme pour les Pays-Bas, ce fut le recours aux armes.

En Lorraine, l'entrée des troupes de Henri II dans les Trois-Évêchés en 1552 préludait à l'unification de la région dans le cadre de la monarchie française. Poursuivant leur politique de neutralité, les ducs de Lorraine pouvaient nourrir l'illusion que leur sagesse valait à leurs sujets la paix et la prospérité. Ainsi se dégageait le tableau d'une Lorraine idyllique telle qu'on la trouve décrite par des voyageurs irlandais qui, au début du XVII^e^ siècle, se faisaient l'écho de leurs hôtes lorrains :

---

63. A. Calmet, *Histoire ecclésiastique et civile de Lorraine*, 1^re^ éd., t. III, Nancy, 1728, preuves, c. 391-393, les traités avec François I^er^ ; passage visé c. 393.

64. *Ibid.*, c. 393-398.

65. Les négociations préparatoires au traité de Nuremberg ont été étudiées, d'après un dossier des archives de Vienne, par O. Winckelmann, « Beiträge zur Geschichte der staatsrechtlichen Beziehungen Lothringens zum Reich im 16. Jahrhundert », *Jahrbuch der Gesellschaft für lothringische Geschichte und Altertumskunde*, II, 1890, p. 185-213, avec un complément de G. Wolfram, « Die lothringische Frage auf dem Reichstage zu Nürnberg und dem Tage zu Speier », *ibid.*, p. 214-230 ; E. Duvernoy, « Recherches sur le traité de Nuremberg de 1542 », *Annales de l'Est*, 1933, p. 153-170, a souligné l'intérêt de Charles-Quint à conclure cette convention.

« Ce pays est un jardin situé au milieu de la chrétienté et ne devant obéissance ni soumission à quelque roi ou prince de ce monde, mais toujours ferme, fort et indomptable dans la foi de l'Église de Dieu. » [66]

Image d'un particularisme triomphant dans une perspective qui se voudrait encore universelle.

Au terme de cette vue d'ensemble, où les problèmes n'ont pu être qu'abordés, il sera permis de dégager quelques directions de recherches.

Le genre littéraire que représentent les productions des légistes et diplomates, « orateurs ou secretaires » des princes et des villes, traduit leur désir de briller par des citations savantes, des références érudites. La rhétorique a donc sa part dans ces affabulations. On peut se demander quelle importance leurs auteurs mêmes y attachaient. Ainsi lors des négociations de Metz, en 1445, les agents de Charles VII et de René I$^{er}$ d'Anjou revendiquaient les uns la souveraineté, les autres les droits comtaux et la juridiction sur la ville, demandes inspirées par des traditions légendaires. Elles disparaissent dans les documents auxquels les princes voulurent bien « se restraindre et condescendre pour parvenir en appoinctement avec ceux de Mets » [67]. Abandonnées lorsqu'on en était venu aux discussions sérieuses, ces références devaient reparaître plus tard. La tradition carolingienne inspirera encore les traités sur les *Droits du Roi*, rédigés au XVII$^{e}$ siècle [68]. Le retentissement qu'a pu avoir cette érudition, fausse ou vraie, reste néanmoins surprenant et doit trouver son explication dans des faits de mentalité qui restent à étudier.

En raison de la situation géographique des Pays d'Entre-Deux, le particularisme caractéristique de la société médiévale y a pris plus de vigueur. Des arguments linguistiques y ont eu quelque influence ; les intérêts économiques n'y ont pas été étrangers ; mais

66. Description tirée du récit des nobles irlandais en fuite vers l'Italie, en 1608 ; ils passèrent à Nancy, les 8, 9 et 10 mars de cette année ; texte gaëlique et traduction anglaise publiés dans T. O'Ciannain. *The Flight of the Earls*, edited from the author's manuscript with translation and notes by Rev. Paul Walsh, M. A., Dublin, 1916 ; le passage cité au § LXVII, p. 82 et 83.

67. Selon les documents publiés par P. Marot, « L'expédition de Charles VII à Metz (1444-1445). Documents inédits », *Bibliothèque de l'École de Chartes*, CII, 1941, p. 149.

68. C. Le Bret, *Traité de la souveraineté du roi, de son domaine et de sa couronne*, Paris, 1632.

la défense des libertés coutumières a été le principal motif d'une opposition à l'appareil politique que la monarchie administrative mettait en place. L'un des éléments essentiels est que la situation semblait leur laisser le choix entre plusieurs options. Si les historiens ont étudié les progrès de la centralisation monarchique, ils ont généralement donné moins d'attention aux oppositions particularistes dans leurs aspects culturels, linguistiques et sociaux. Dans les Pays d'Entre-Deux, ces habitudes mentales et ces attitudes politiques ont déterminé des évolutions diverses ; pour les uns ce fut « la naissance d'une patrie » [69], pour d'autres l'entrée dans une nation déjà en voie de formation.

Aux historiens des périodes plus récentes, il reviendrait de nous expliquer dans quelles conditions ces particularismes ont pu survivre et influencer la vie politique des siècles suivants. Il serait également intéressant de préciser quel climat humain favorise dans les mentalités les résurgences de ces attitudes, voire des créations artificielles où l'on recourt aux phantasmes déjà évoqués par le Moyen Âge [70].

---

69. J. HUIZINGA, « L'État bourguignon, ses rapports avec la France et les origines d'une nationalité néerlandaise », *Le Moyen Âge*, XL, 1930, p. 28, et XLI, 1931, p. 11-35 ; ID., *Burgund : Eine Krise des romanisch-germanischen Verhältnisses* [1933], Darmstadt, 1967, 55 p. ; J. LEJEUNE, *Liège et son pays. Naissance d'une patrie (XIIIe-XIVe s.)* (Bibliothèque de la Faculté de philosophie et lettres de Liège, CXII), Liège, 1948 ; O. VASELLA, « Vom Wesen der Eidgenossenschaft im. 15. und 16. Jahrhundert », *Historisches Jahrbuch*, LXXI, 1952, p. 165-183.

70. A titre indicatif, quelques références :
– E. LONGIN, « La nation comtoise », *Académie des Sciences, Belles-Lettres et Arts de Besançon. Procès-verbaux et mémoires, années 1915-1918*, Besançon, 1919, p. 200-234 ;
– M. CHAUME, « Le sentiment national bourguignon de Gondebaud à Charles le Téméraire », *Mémoires de l'Académie de Dijon, Recueil mensuel*, année 1922, p. 195-260 ;
– É. MARTIN SAINT-LÉON, *Les sociétés de la nature. Étude sur les éléments constitutifs de la nation française*, Paris, 1930 ;
– P. MAROT, « Le patriotisme lorrain et le mouvement historique à Nancy au dix-neuvième siècle », *Mémoires de l'Académie de Stanislas*, 6e série, XXXII, 1934-1935, p. LXV-LXXXVI ;
– Ch. AIMOND, *Essai sur le caractère et le génie lorrain, Bar-le-Duc*, s. d. (1957) ; ID., *Histoire des Lorrains. Essai sur leur vie politique, sociale, économique et culturelle*, Bar-le-Duc, 1960. Voir dans le premier de ces ouvrages, p. 117-122, la conclusion

En conclusion, on serait tenté d'appliquer aux Pays d'Entre-Deux ces lignes de P. Vidal de la Blache, concernant la Bourgogne : « La position est propre à inspirer des tentations illimitées d'accroissement et de grandeur ; on s'explique le rêve de Charles le Téméraire. Mais il y a dans la structure géographique un principe de faiblesse interne pour les dominations qui essayèrent d'y prendre leur point d'appui. »[71]

---

intitulée « Le génie lorrain », et, plus nuancée, la conclusion du second, notamment les p. 507-523 : « Dans quelle mesure aux temps modernes et contemporains, le patriotisme français a-t-il pris la place du patriotisme lorrain, si celui-ci a jamais existé » (p. 508) ;
– H. ÉLIE, *Réflexions sur l'histoire de Lorraine*, Paris, 1961 : « Chaque fois qu'un des tronçons de la Lotharingie s'est vu investi d'une puissance accrue, il s'est, en effet, emparé à nouveau de cette idée si ancienne et pourtant toujours nouvelle » (p. 20) ; « La persistance de cette (idée-force) de Lotharingie est plus étonnante, étant donné la faible durée du royaume de Lothaire. Il faut croire cependant qu'elle était dans la nature des choses, en dépit des conditions géographiques, puisque depuis lors les membres épars de ce royaume éphémère du petit-fils de Charlemagne ont à diverses reprises cherché à se ressouder » (p. 19) ;
– A propos de l'ouvrage de L. LECLÈRE, *La question d'Occident. Les Pays d'Entre-Deux de 843 à 1921 : régions rhodaniennes, Alsace et Lorraine, Belgique et Rhénanie*, Bruxelles, 1921, le compte rendu de F.-L. GANSHOF, in *Bulletin philologique et historique* (Bruxelles), II, 1921, p. 35 ss., n'a pu être consulté ;
– La légende de Guillaume Tell a inspiré l'essai de M. FRISCH, *Wilhelm Tell für die Schule*, s. l. n. d. (Francfort-sur-le-Main, 1971), 125 p.

71. *Histoire de France*, dir. par E. Lavisse, t. I, 1re partie, *Tableau de la géographie de la France*, par P. VIDAL DE LA BLACHE, Paris, 1903, p. 245-246.

# TROUBADOURS DE SAINTONGE

(*Annales de l'Université francophone d'été Saintonge-Québec*, 1980 [1982], p. 19-28)

En Saintonge, le passé s'impose à nous d'abord par les monuments prestigieux qu'y a produits l'art roman. Leurs qualités techniques et artistiques ont été étudiées par des générations d'érudits. Ces monuments se comptent par centaines dans les limites de l'ancienne Saintonge [1] ; une telle densité interpelle le chercheur, d'autant plus qu'elle s'inscrit dans un temps relativement court. Cette floraison suppose d'abord des moyens considérables ; effectivement, de multiples indices témoignent de l'essor économique de la Saintonge, depuis le milieu du XIIe siècle notamment [2]. Mais il est un autre facteur, tout aussi important, qui reste dans l'ombre : ces églises et ces châteaux étaient élevés par et pour des hommes capables d'en apprécier les qualités et d'entrer dans le symbolisme et la typologie de leur décoration où s'exprimait une conception du monde. Faut-il supposer que les hommes de ce temps avaient trouvé dans l'art monumental l'expression de leurs aspirations, au point d'en négliger d'autres, comme les œuvres littéraires, par exemple ? A cette question, la présente esquisse voudrait répondre, sans avoir la

1. La Saintonge médiévale, qui n'avait pu former un comté au premier âge féodal, correspondait au diocèse de Saintes. Celui-ci comprenait au XIIIe siècle, outre l'actuel département de la Charente-Maritime, une partie des Deux-Sèvres et de la Charente. L'archidiaconé d'Aunis s'étendait le long de la Sèvre niortaise jusqu'aux abords de Niort ; celui de Saintes comprenait Bouteville, Cognac, Jarnac, Barbezieux et Chalais. Aulnay, en revanche, n'était pas en Saintonge.

2. Essor étudié par A. DEBORD, *La société laïque dans les pays de la Charente (XIe-XIIe s.)*, IIIe partie, chap. 8 : « L'évolution économique et sociale après le milieu du XIIe siècle ».

prétention de faire œuvre d'histoire littéraire, mais simplement en regroupant les résultats des travaux de spécialistes, dans le cadre saintongeais, afin de les replacer dans leur contexte.

## I. Horizons culturels des pays d'entre Loire et Gironde autour de l'an 1200

Si la Saintonge tient apparemment peu de place dans l'histoire littéraire, c'est, pour une part, en raison de la difficulté que l'on éprouve à la situer dans les cadres traditionnels de cette discipline. Un premier problème se pose en effet : la Saintonge est-elle de langue d'oc ou de langue d'oïl ?

### 1. *Une langue de caractère mêlé*

Des recherches menées depuis plusieurs décennies éclairent l'évolution linguistique des pays d'entre Loire et Gironde. S'il n'est pas assuré, comme l'affirmaient certains, que l'aire des parlers méridionaux s'étendait, vers l'an mil, jusqu'au Val de Loire, il est admis, en revanche, que la limite entre les deux domaines linguistiques s'est d'abord stabilisée aux lisières septentrionales du Poitou, pour reculer ensuite vers les limites méridionales de ce même pays et atteindre, vraisemblablement dès le XIVe siècle, un tracé voisin de celui d'aujourd'hui, au contact du Bordelais et du Périgord [3]. Vers le milieu du XIIe siècle encore, le Poitou était étroitement lié avec le Sud occitan, en ce qui concerne la communauté linguistique, mais à

3. L'importante thèse de Jacques PIGNON, *L'évolution phonétique des parlers du Poitou (Vienne et Deux-Sèvres)*, Paris, 1960, a stimulé les recherches dans ce domaine ; voir notamment dans *Vox romanica*, CXXVIII, 1969, l'article de J. WUEST, « Sprachgrenzen im Poitou », p. 14-58, avec deux cartes, et ceux de C. Th. GOSSEN, « Zum Thema "Sprachgrenzen im Poitou" », p. 59-71, « Zur Alterpoitevinischen Verbalmorphologie », p. 242-264. Ce caractère mêlé de la langue est nettement marqué chez Guillaume IX d'Aquitaine, selon M. PFISTER, « Die Sprache von Guillaume IX, Graf von Poitiers », in *Mélanges C. Th. Gossen*, Berne, 1977, p. 715-735.

côté de rares particularités typiquement poitevines, on pouvait noter « une certaine réceptivité à l'égard des emprunts venant du Nord » [4].

Dans cette évolution linguistique, deux éléments ont bien été perçus par les érudits, mais demandent à être étudiés de plus près : d'une part, l'effet de l'intense colonisation monastique, venue des pays ligériens, du Limousin et du Bordelais pour la remise en valeur d'un pays que les troubles des IXe et Xe siècles avaient durement touché. D'autre part, l'attachement aux traditions, manifesté en bien des traits de cette société, se traduit dans la langue par la persistance d'archaïsmes qui ne relèvent donc pas nécessairement d'influence occitanes [5]. Quoi qu'il en soit, la réceptivité à l'égard de courants septentrionaux est un fait. Pour le *Guide du Pèlerin de Saint-Jacques-de-Compostelle*, écrit dans le deuxième tiers du XIIe siècle, le changement de langue se marque en Saintonge : « Les Saintongeais ont déjà un parler rude, mais celui des Bordelais l'est davantage. » [6]

## 2. *Des cours princières et seigneuriales accueillantes*

La naissance de la poésie lyrique en langue méridionale reste toujours mystérieuse. Elle paraît, en effet, déjà toute formée dans sa langue, ses rythmes et certains thèmes chez le premier des poètes de langue d'oc, Guillaume IX, duc d'Aquitaine [7]. Avec ses compagnons, il ne recule pas devant l'audace verbale. Or, ce prince est maître de la Saintonge où il fait de fréquents séjours. L'abbaye de Saint-Jean-d'Angély, comblée de bienfaits par son père, l'accueille, alors qu'il se remet de ses blessures. Les moniales de Notre-Dame de Saintes bénéficient de ses largesses. Deux générations plus tard,

4. M. PFISTER, « La langue de Guillaume IX, comte de Poitiers », *Cahiers de Civilisation médiévale*, XIX, 1976, p. 93-113.
5. Ces archaïsmes ont été relevés par M. PFISTER, *Lexikalische Untersuchungen zu Girart de Roussillon* (Beihefte zur Zeitschrift für romanische Philologie, 122), Tübingen, 1970, p. 104-111.
6. J. VIEILLARD, *Le guide du pèlerin de Saint-Jacques-de-Compostelle*, 3e éd., Paris, 1963, p. 18-19. La langue est qualifiée de *rustica*, terme qui souligne son caractère dialectal, patoisant, plutôt que sa rudesse.
7. J.-Cl. PAYEN, *Le prince d'Aquitaine. Essai sur Guillaume IX, son œuvre et son érotique*, Paris, 1980, fait le point des recherches.

Jaufré Rudel, prince de Blaye, sait exprimer des sentiments plus affinés et donne des modèles poétiques à l'amour courtois. Jaufré n'est pas seulement un voisin pour les Saintongeais ; sa famille est possessionnée dans la région de Pons et autour de Nancras, Balanzac ; elle est apparentée à des lignages saintongeais. Ces maîtres de la poésie lyrique n'étaient donc pas des étrangers pour la noblesse de Saintonge.

Après Guillaume IX, la cour de Poitiers continuait à accueillir les poètes. Son fils Guillaume X protégea Marcabru et Cercamon. La tradition fut reprise par Aliénor d'Aquitaine, devenue reine d'Angleterre après l'annulation de son mariage avec le roi de France. Avec Aliénor, qui venait souvent tenir cour à Poitiers, les Poitevins et Saintongeais retrouvaient une princesse « naturelle » qui avait leur confiance. La reine et ses fils, comme Henri II lui-même, protégeaient clercs et poètes [8]. Maîtres de l'Aquitaine comme de l'Anjou et de la Normandie, les Plantagenêts ne pouvaient ignorer les idiomes de ces pays ; mais il semble bien qu'à la suite d'Aliénor, la famille marqua sa préférence pour l'occitan, langue dans laquelle Richard Cœur de Lion composait à l'occasion quelques vers.

Les relations qui s'établissaient dans cet empire anglo-normand mettaient en rapport des hommes d'oc et d'oïl. C'est peut-être en Saintonge que l'effet de ces influences est le plus sensible.

### 3. *Un pont entre le Nord et le Midi*

Parcourue par l'une des principales routes de pèlerinage, le Chemin de Saint-Jacques, traversée par les itinéraires des messagers et officiers des Plantagenêts, contournée sur ses rives par l'intense activité maritime qui faisait l'importance de Royan, de l'île d'Oléron et de La Rochelle, la Saintonge était largement ouverte aux influences extérieures. Avec les hommes et les marchandises, circulaient aussi les récits légendaires et les manuscrits.

« Le premier récit littéraire en prose du Midi », est la *Chronique dite saintongeaise*, pour lui donner le titre retenu par son dernier

8. R. Lejeune, « Le rôle littéraire d'Aliénor d'Aquitaine et de sa famille », *Cultura neolatina*, XIV, 1954, p. 5-57 ; Ead., « Le rôle littéraire de la famille d'Aliénor d'Aquitaine », *Cahiers de Civilisation médiévale*, I, 1958, p. 319 ss.

éditeur [9] ; il n'est point dans notre propos de résumer ici les savantes recherches dont cette œuvre a été l'objet. Mais il convient de souligner la place que la Saintonge y tient, notamment dans la version dite poitevinisée. L'auteur est d'une précision remarquable dans la description des sites où il place les épisodes légendaires de sa *Chronique*, qu'il s'agisse de l'énumération des églises de Saintes, des environs de Jonzac, de la mention de Saint-Saturnin-de-Séchaud ou de Thaims, par exemple. Des traditions évoquées par la *Chronique* sont confirmées par les documents ; ainsi, la donation de Saint-Germain-de-Lusignan à l'abbaye Saint-Germain-des-Prés de Paris par Charlemagne apparaît très vraisemblable. Cette possession de l'abbaye parisienne ne figure pas dans son célèbre polyptyque qui, au reste, est loin de présenter une description complète du patrimoine de l'établissement. Mais une charte de Pépin II, roi d'Aquitaine, du 10 août 830, confirme bien cette *villa Lixiniacus* à Saint-Germain [10]. La langue, enfin, particulièrement dans la version dite poitevinisée, a bien ce caractère mixte que l'on peut reconnaître aux parlers saintongeais de l'époque. Les références précises à Saint-Seurin-de-Bordeaux n'ont rien de surprenant pour qui a feuilleté le cartulaire du prieuré Notre-Dame de Barbezieux et lu, dans l'introduction, le chapitre sur « les origines bordelaises » de cet établisse-

9. A. DE MANDACH, *Chronique dite saintongeaise* (Beihefte zur Zeitschrift für romanische Philologie, 120), Tübingen, 1970, décrit cette œuvre comme un diptyque littéraire dont un volet, *Tote l'istoire de France*, retrace l'histoire des époques mérovingiennes et carolingienne d'après la chronique d'Adhémar de Chabannes, remaniée et interpolée ; l'autre volet est une *Chronique de Turpin*, largement amplifiée par des emprunts aux légendes épiques. L'auteur en caractérise la langue comme « fort panachée combinant des formes occitanes, de langue d'oïl et hybrides franco-occitanisées, une *scripta* comprenant peut-être aussi... un élément purement gascon », p. 37.

10. Dernière édition de ce diplôme par L. LEVILLAIN, *Recueil des actes de Pépin I et Pépin II, rois d'Aquitaine (814-848)*, Paris, 1926, n° XV, p. 54-58. D'après cet acte, la possession de Saint-Germain-de-Lusignan est peut-être même antérieure à Charlemagne ; elle a été en tout cas confirmée par Louis le Pieux. A. LONGNON, *Polyptyque de l'abbaye de Saint-Germain-des-Prés*, t. I, « Introduction », Paris, 1895, p. 208-212, étudie ce diplôme et signale, p. 210 et n. 2, le passage de la *Chronique saintongeaise*, concernant la redevance en couteaux due par le seigneur de Jonzac, cité d'après B. N., latin 7628, f° 55r°, et le rapproche d'une notice du cartulaire de l'abbaye mentionnant cette redevance, p. 211, n. 1, en juillet 1220.

ment [11]. Pour ces raisons, il serait peut-être préférable de rendre à cette œuvre son titre ancien, la *Chronique saintongeaise*.

Peu d'œuvres épiques ont été l'objet d'attentions aussi nombreuses et savantes que celles qu'on a données à la chanson de Girart de Roussillon ; il n'est pas possible de faire la synthèse des résultats auxquels ont abouti ces études remarquables [12]. Il est à noter, toutefois, que la préférence des commentateurs et éditeurs s'est portée vers la version attribuée au « renouveleur poitevin » dont la langue présente ce caractère mêlé, observé dans d'autres monuments littéraires. Ce « renouveleur » est reconnu comme un poète de génie qui a su donner une unité à son œuvre ; son talent paraît dans des descriptions comme celle de la bataille de Valbeton, l'un des meilleurs morceaux de la littérature épique du temps. Une rare délicatesse d'âme s'exprime dans la scène de la rencontre de Girart et de Berthe avec l'ermite, ainsi que dans le récit de la mort de Thierry, le jeune fils de Girart. Le talent du poète se manifeste aussi dans l'épisode idyllique d'Aupais qu'il a introduit dans la trame de la chanson. Le poète connaissait la Saintonge et ses traditions.

Dans ce poème, l'un des chefs-d'œuvre de la littérature épique, bien des passages font encore problème. Marcel Clouet avait jadis relevé une série de coïncidences entre les anthroponymes et toponymes de la chanson et ceux des documents saintongeais des XII^e^ et XIII^e^ Siècles. Certes, « comparaison n'est pas raison », mais cette

11. *Archives historiques de la Saintonge et de l'Aunis*, XLI, 1911, p. LVII-LXVIII ; l'auteur de l'introduction au cartulaire, J. de La Martinière, souligne les liens de Barbezieux avec Bordeaux : le seigneur de Barbezieux est vassal de l'archevêque ; le vocabulaire qualifiant la situation des paysans est plus proche des usages bordelais que des coutumes saintongeaises. Enfin, l'église du prieuré roman de Barbezieux a un plan identique à celui de Saint-Seurin-de-Bordeaux. Ces faits permettent de conclure à des rapports plus étroits que des relations féodales.

Les *Archives* seront citées ci-dessous sous le sigle *A.H.S.A.*

12. L'imposant ouvrage de R. LOUIS, *Girart, comte de Vienne, dans les chansons de geste : Girart de Vienne, Girart de Fraite, Girart de Roussillon*, Auxerre, 1947, 2 vol., étudie le développement de la légende et ses rapports avec les données historiques. « Girart de Roussillon, chanson de geste », *Société des Anciens Textes français*, W. Mary éd., Hackett, Paris, 1953, donne le texte du manuscrit d'Oxford. Max PFISTER, *op. cit.* (n. 5), consacre 867 pages à l'étude du vocabulaire de cette version dont l'origine est à chercher entre Poitiers et Bordeaux.

étude mérite quelque attention [13] ; le cri de guerre de Boson, l'un des héros de la chanson, est « Marestun », vocable qui était resté inexpliqué. M. Clouet le rapproche de Marestay, localité voisine de Matha, en notant, par ailleurs, que les seigneurs de Matha portent aux XIIe-XIIIe siècles des noms identiques à ceux de héros de la chanson, comme Boson, Foulques. Il est admis que le poète a fait œuvre personnelle dans le prologue et la dernière partie de la chanson ; or, dans ce poème fait à la gloire du fondateur de Vézelay, il n'est question de ce monastère et de la Madeleine, dont les reliques l'ont rendu célèbre, que dans cette dernière partie. Il est une localité en Saintonge où le nom de Vézelay évoquait des souvenirs. Audouin, le fondateur du prieuré Notre-Dame de Barbezieux, était allé en pèlerinage à Vézelay, avec son épouse Giberge ; prenant le chemin du retour, il s'arrêta à Cluny où, tombé malade, il prit l'habit avant de mourir ; son dernier acte avait été de donner sa fondation de Barbezieux à l'ordre de Cluny. Giberge rapporta sans doute quelque « relique » ; une église fut élevée à Barbezieux en l'honneur de sainte Madeleine [14].

Ces indications nous conduisent, comme la *Chronique saintongeaise*, vers Barbezieux. Point n'est question de faire de ce modeste centre le foyer de ces créations littéraires ; mais par leurs relations, les seigneurs de la ville et les moines du prieuré ont pu jouer le rôle de relais, dans une région dont la langue « mixte » témoignait d'une fonction intermédiaire. Alfred Jeanroy l'avait souligné : « Toutes les chansons de geste en langue méridionale appartiennent... à une région déterminée, comprise entre Poitiers et Bordeaux, c'est-à-dire à une région limitrophe où l'influence de la langue et de la littérature française était plus puissante qu'ailleurs. » [15] Cette région eut aussi ses troubadours.

---

13. M. Clouet, « Quelques mots à propos de la légende épique de Gérard de Roussillon », *Revue de Saintonge et d'Aunis*, 1956, p. 209-235 ; l'auteur attire l'attention sur le château de Roussillon, commune de Saint-Germain-du-Seudre, et ses environs, sur les seigneurs de Matha et leurs alliances. Notons que le prénom rare de Bardun ou Bardon donné à un personnage de la chanson paraît chez les seigneurs de Cognac, *A.H.S.A.*, IV, p. LXXV, LXXVIII.

14. *A.H.S.A.*, IV, p. XIX, XXVIII.

15. Lettre citée dans J. Bédier, *Les légendes épiques*, Paris, 1921, t. III, p. 179.

## II. Troubadours saintongeais : des barons amateurs de poésie

Parmi les nobles de Saintonge dont les noms reviennent souvent dans les lettres des rois anglais Jean sans Terre et Henri III, il en est que l'on retrouve dans les recueils de poèmes et dans les notes biographiques, rassemblés dès le XIIIe siècle, pour conserver et célébrer l'œuvre des poètes les plus appréciés à l'époque [16].

*Savary de Mauléon* est au premier plan parmi la noblesse d'Aquitaine en ce temps. Outre ses possessions du Bas-Poitou dont l'une est Mauléon (act. Châtillon-sur-Sèvre), la famille tenait des domaines considérables en Aunis : Angoulins, Benon, Bouhet, Châtelaillon, ainsi que l'île de Ré ; en 1199, les Mauléon abandonnaient au roi d'Angleterre tous leurs droits sur la ville de La Rochelle. Paraissant pour la première fois dans les documents en 1180, Savary entre dans le jeu politique à partir de 1202, prenant part aux affaires importantes de son temps : tantôt contre, tantôt pour le Plantagenêt dans les luttes que le roi soutient contre ses barons et contre le Capétien. « Fils du diable, ministre de l'Antéchrist, prince d'apostasie », tels sont les noms dont Pierre des Vaux de Cernay qualifie Savary qui a pris parti contre les croisés dans la Guerre des Albigeois ; mais il ira se battre en Égypte avec la cinquième croisade. Seigneur de l'île de Ré, il commande à l'occasion une expédition navale ; il y gagne une réputation de pirate. Sénéchal de Gascogne et de Poitou, en 1221, il abandonne Henri III pour Louis VIII en 1225, et revient au Plantagenêt quelques années plus tard. Les barons

16. « Biographies des troubadours. Textes provençaux des XIIIe et XIVe siècles », publiés avec une introduction et des notes par J. BOUTIÈRE et A.-H. SCHUTZ, Bibliothèque méridionale, 1re série, t. XXVII, Toulouse, Paris, 1950. Les mss I et K, B. N., Fr. 854 et 12473, appartiennent au groupe le plus ancien et le plus riche en *vidas*, *op. cit.*, p. XXI ; ils sont seuls à donner les notices sur Savary de Mauléon, Renaud et Geoffroi de Pons, Jordan Bonel. Voir A. PILLET, H. CARSTENS, *Bibliographie de Troubadours*, Halle, 1933, « Gausbert de Puycibot », n° 173, p. 149-151, « Jordan Bonel », n° 273, p. 245, « Geoffroi et Renaud de Pons », n° 261 et 414, p. 238 et 377, « Richard (Rigaud) de Barbezieux », n° 421, p. 380-383, « Savary de Mauléon », n° 432, p. 386-387.

poitevins étaient bien versatiles ; telle était l'opinion d'un contemporain [17].

Malgré cette vie très agitée, Savary de Mauléon fut probablement l'un des derniers barons français à tenir une cour accueillante aux troubadours. Plus que ses poèmes, sa largesse à l'égard des poètes lui valut d'être célébré par les générations suivantes. Hugues de Saint-Cirq lui consacra une longue *razo* où il voit en Savary « la source de toute courtoisie dans le monde ». Un poète eut à l'égard de Savary des obligations particulières : Gausbert de Puycibot. Limousin d'origine, d'après le biographe ancien, Gausbert serait entré jeune, comme oblat, à l'abbaye cistercienne de Saint-Léonard-des-Chaumes, en Aunis ; cette abbaye était fille du monastère cistercien du Beuil, dans le diocèse de Limoges. A Saint-Léonard, Gausbert apprit les lettres, le chant et la poésie. Pour l'amour d'une femme, il quitta le monastère et fut accueilli par Savary, bienfaiteur de ce couvent ; le jeune poète put s'adonner à son art. Son patron lui aurait assuré l'accès à la chevalerie et partant au mariage, puisque l'élue du poète posait cette condition. Effectivement, le seul document découvert jusqu'ici sur ce personnage le qualifie de chevalier et donne le nom de sa femme, Halnor [18]. Quand Savary de Mauléon meurt, vers 1231, les lettres comme les arts semblent être sur leur déclin en Saintonge.

*Renaud de Pons et Geoffroi de Pons.* C'est parmi les nobles qui étaient en rapport avec la cour d'Angleterre sous Jean sans Terre et Henri III, que l'érudition a cherché à identifier Renaud de Pons, partenaire de Geoffroi de Pons dans une tenson. Ce poème n'évoque ni personnage, ni événement ; la *vida* voit en Renaud un châtelain de Pons et en Geoffroi un chevalier de ce même château, sans faire état d'un lien de parenté entre eux. Le ton plus familier de

17. Cette esquisse de la vie de ce personnage est faite d'après H.-J. CHAYTOR, *Savaric de Mauléon, Baron and Troubadour*, Cambridge, 1939, qui, à partir de sources anglaises, a présenté un aspect inconnu de B. LEDAIN, auteur d'une biographie parue dans la *Revue poitevine et saintongeaise* de 1892. Sur la versatilité des Poitevins, voir l'*Histoire de Guillaume le Maréchal*, P. Meyer éd., t. I, 1891, p. 58, et t. III, 1901, p. 24 et n. 3.

18. P. GUÉRIN, « Une mention de Jausbert de Puycibot », *Romania*, LII, 1926, p. 352-353, d'après un document de la B. N., collection Dupuy, vol. 828, f° 68. Ses poèmes sont édités par W.-P. SHEPARD, *Les poésies de Jausbert Puycibot, troubadour du XIIIe siècle*, Paris, « Les Classiques français du Moyen Âge », 1924.

Renaud à l'égard de Geoffroi marque peut-être une différence de génération ; Renaud pourrait être l'oncle de Geoffroi, à moins qu'il ne s'agisse d'un des chevaliers castraux qui gravitent autour du château de Pons. C'est donc sur Renaud que peuvent se centrer les recherches.

Au cours du XIIIe siècle, six membres de la famille de Pons ont porté le prénom de Renaud ; mais comme le poète figure dans le plus ancien recueil de biographies, il convient de le situer dans la première moitié de ce siècle. Restent deux personnages, Renaud l'Ancien (senior), oncle de Renaud le Jeune (junior), fils de Geoffroi, décédé en 1191 et chef de la branche aînée de la famille ; ils ne semblent pas avoir suivi toujours les mêmes voies en politique [19].

Renaud l'Ancien apparaît comme un fidèle soutien de Jean sans Terre, qui lui témoigne sa bienveillance dès 1201 et lui fait des dons importants en 1206-1207. En 1212, il est sénéchal de Gascogne et bientôt également de Poitou. Vers cette date, il fait le pèlerinage de Terre Sainte d'où il revient, fin 1213 ou début 1214, pour prendre avec vigueur le parti du roi contre les barons révoltés. Jean sans Terre lui confie des missions importantes et l'autorise à garantir la trêve conclue avec Philippe Auguste, le 18 septembre 1214 ; ses domaines anglais, sans doute pris par les rebelles, lui sont rendus par le roi. Le décès de Jean sans Terre, en octobre 1216, devait mettre fin à sa carrière politique. Pendant plusieurs années, il refusera de rendre le château de Merpins ; il a dû mourir peu après 1228.

Renaud le Jeune était encore en bas âge, semble-t-il, au décès de son père en 1191 ; la tutelle revint sans doute à son frère utérin, Ponce de Mirambeau, issu d'un premier mariage de la mère, Agnès,

---

19. L'auteur du présent article se propose de publier le résultat de ses recherches sur les seigneurs de Pons. La monographie de C. CHABANEAU, *Les troubadours Renaud et Geoffroy de Pons*, Paris, 1881, extrait du *Courrier littéraire de l'Ouest*, novembre-décembre 1880, a bien distingué Renaud l'Ancien et Renaud le Jeune, mais accorde trop de crédit à des généalogies anciennes. La documentation anglaise n'est connue de Chabaneau que par Th. RYMER, *Foedera* ; or, les *Rotuli litterarum clausarum*, 1204-1227, *Rotuli litterarum patentium*, 1201-1216, *Rotuli chartarum*, 1199-1216, édités par T.-D. Hardy, de 1833 à 1847, contiennent une quarantaine de documents concernant principalement Renaud l'Ancien ; il eût été trop long de les citer ici.

fille de Geoffroi Martel. C'est probablement Ponce qui participa à la révolte contre Richard Cœur de Lion ; le roi réussit à prendre et à démanteler le château de Pons en 1194 [20]. Cette branche de la famille se rapproche du roi Jean en 1206 ; Ponce de Mirambeau « vient au service du roi » ; Renaud, son demi-frère, est l'un des garants de la trêve conclue en septembre de cette année avec Philippe Auguste. Son oncle Ponce, chanoine écolâtre du chapitre de Saintes, bénéficie d'une rente substantielle, en attendant de recevoir des prébendes dont la collation revient au souverain [21]. Vers la même époque, les deux frères Renaud et Ponce se virent confier la garde du château de Cognac sur lequel ils prétendaient avoir des droits du chef de leur mère. De Cognac est datée la charte par laquelle, le 6 avril 1212, Renaud indemnise l'abbaye de Saint-Jean-d'Angély des dommages qu'il lui a causés ; il s'apprête alors à partir combattre les Sarrasins en Espagne [22]. Bien que les contestations continuent au sujet du château de Cognac, la chancellerie anglaise ignorera Renaud le Jeune jusqu'en 1222, date à laquelle le roi le gratifie de 100 marcs [23]. Après être passé d'un camp à l'autre et avoir inspiré la révolte des barons saintongeais contre le roi de France en 1241, il finit par se rallier à Louis IX qu'il accompagna dans sa première croisade ; il devait y trouver la mort.

Aucun indice ne permet de déterminer lequel des Renaud est le poète. C. Chabaneau marquait une préférence pour le cadet ; il confirma cette opinion dans une note additionnelle qui faisait état d'une généalogie selon laquelle Renaud le Jeune serait mort en 1228 [24]. Or, s'il n'est plus question de Renaud junior après 1228,

20. Paris MATTHIEU, *Chronica majora*, H.-R. Luard éd., 1874, t. II, p. 406 ; le chroniqueur mentionne les secours envoyés à Richard par le roi de Navarre.

21. *Rotuli litterarum patentium*, I, p. 66, lettre du 14 juin 1206, recevant Ponce de Mirambeau ; le 25 juin, octroi à Ponce de Pons d'une rente annuelle de 40 marcs, en attendant des bénéfices de revenu équivalent. Renaud de Pons est témoin de ce dernier acte. Ponce de Pons deviendra évêque de Saintes.

22. C. CHABANEAU, *op. cit.* (n. 19), p. 11 et n. 2.

23. *Rotuli litterarum clausarum*, I, 1833, p. 492b.

24. C. CHABANEAU, *op. cit.* (n. 19), note additionnelle, p. 25. En 1228, Renaud le Jeune fait un échange avec l'Hôpital Neuf de Pons ; la charte est scellée également par R(enaud) de Pons, paumier, son oncle. « Litteras dedimus sigilli nostri et domini R. de Ponte, palmerii, pafrui nostri munimine roboratas », éd. par G. Musset, d'après l'original dans *A.H.S.A.*, IX, 1881, p. 11-12. Renaud l'Ancien est allé en pèlerinage à Jérusalem, d'où le titre de paumier qui lui est déjà donné en

c'est qu'en raison de la disparition de Renaud senior cette distinction entre les deux ne s'impose plus. La question reste donc ouverte.

## III. Troubadours saintongeais : Rigaud de Barbezieux

En comparaison des rimeurs occasionnels que furent ces barons saintongeais, le poète connu sous le nom de Rigaud de Barbezieux apparaît comme un artiste dont l'œuvre rayonnante a été perçue au loin, au point qu'on fit de lui le héros d'aventures imaginaires. Les thèmes et les formes des neuf poèmes qu'on peut lui attribuer avec certitude s'inspirent des traditions de la lyrique occitane. Mais Rigaud déploie une particulière virtuosité dans la structure de ses strophes et le choix des rimes. Planant au-dessus des rivalités fréquentes entre poètes, il ne prend pas part aux controverses de son temps. Aux thèmes traditionnels de l'amour courtois, il sait donner une expression plus intime, comme pour animer d'un feu intérieur un vocabulaire devenu conventionnel. Les emprunts faits aux bestiaires ne sont pas simples illustrations verbales, mais symboles dont le poète sait pénétrer les sens profonds, comme le savent les sculpteurs des portails romans [25].

Or, ce poète fameux n'a laissé aucune trace dans les chartriers saintongeais, et l'on est réduit à la biographie des recueils traditionnels et à l'interprétation des quelques indices donnés par les poèmes. La notice biographique nous le décrit comme un « pauvre vavasseur », timide de surcroît au point de perdre ses moyens en société. Il porte ses hommages à la femme de Geoffroi de Tonnay, une fille de

---

1214, *Rotuli litterarum patentium*, I, 1835, p. 119b. D'autres allusions à son pèlerinage se trouvent dans le censier de l'Hôpital Neuf, *A.H.S.A.*, IX, p. 194, 285, 288.

25. De l'abondante bibliographie sur Rigaud, nous citerons A. VARVARO, *Rigaut de Berbezilh. Liriche* (Biblioteca di Filologia romanza, 4), Bari, 1960, et M. BRACCINI, *Rigaut de Barbezieux. Le Canzoni, testi e commento*, Florence, 1960. Il est toujours utile de se reporter à C. CHABANEAU, J. ANGLADE, « Les chansons du troubadour Rigaut de Barbezieux », Montpellier, 1919, paru dans la *Revue des Langues romanes*, LX, 1920, p. 201 ss. ; on y trouvera des mélodies de chansons.

Geoffroi Rudel, prince de Blaye. Il meurt en Espagne, où il séjournait auprès d'un noble seigneur, don Diègue [26].

Il n'est pas utile de reprendre ici les savantes discussions qu'ont soulevées les données de cette notice et celles des poèmes. Retenons simplement que A. Varvaro estime que la technique des poèmes les situe dans les décennies 1170-1220 [27]. Jacques Duguet, bon connaisseur des chartriers saintongais, met en doute l'appartenance du troubadour à une famille de châtelains ou de viguiers de Barbezieux. Pour lui, « les documents sont rares au début du XIIIe siècle, et un Rigaud de Barbezieux a pu y exercer son activité sans laisser de trace » [28].

Il est cependant un point de ces longues discussions sur lequel il est possible de formuler une nouvelle hypothèse. En dehors des allusions littéraires, comme celle faite à Perceval, et de l'évocation de la dame de ses pensées, le poète célèbre un personnage contemporain, une comtesse vivant en Champagne :

> « Comtesse noble et gaie, à la renommée brillante,
> Qui avez rempli de votre éclat toute la Champagne,
> Je voudrais que vous sachiez l'amitié que je vous porte,
> Car j'abandonne dans sa douleur Mon Âme et Mon Cœur. » [29]

Deux interprétations ont été proposées pour ce passage, en fonction des dates que l'on assignait au poète. L'une suggère qu'il s'agit de Marie de France, mariée au comte de Champagne Henri le Libéral. Cette fille d'Aliénor d'Aquitaine, en qui les historiens ont voulu reconnaître une protectrice des poètes et des lettrés, semblait s'imposer à l'attention des commentateurs ; d'aucuns supposaient même un séjour de Rigaud à la cour de Champagne.

---

26. Les textes biographiques ainsi que la nouvelle italienne dont Rigaud est le héros font l'objet d'une édition critique par A. Varvaro, *op. cit.* (n. 25), p. 75-89 ; l'auteur en commente les données au premier chapitre de son ouvrage, p. 9-30.

27. *Ibid.*, p. 45, en conclusion du chap. II, p. 31-45.

28. J. Duguet, « L'identification du troubadour Rigaud de Barbezieux », *Bulletin de la Société des Antiquaires de l'Ouest*, 4e série, IX, 1968, p. 537-547 ; passage cité p. 547.

29. C. Chabaneau, J. Anglade, *éd. cit.*, p. 36, et Eid., *art. cit.* (n. 25), p. 283 ; la musique de cette pièce est donnée dans l'appendice, p. VII. L'édition critique la plus récente de cette strophe 6 du chant IX, dans A. Varvaro, *op. cit.* (n. 25), p. 206.

Mais il semble peu probable que le poète saintongeais ait songé à Marie de France. Séparée de sa mère à l'âge de 7 ans, fiancée à 8 ans au comte de Champagne qu'elle épouse en 1159, cette princesse n'a probablement jamais revu sa mère, après la séparation de ses parents ; il est douteux qu'elle ait entendu la langue d'oc. Sa *magistra* Alix de Mareuil, religieuse de l'abbaye Saint-Pierre d'Avenay, n'avait pas dû familiariser la princesse avec les thèmes de l'amour courtois, alors qu'elle dirigeait son éducation dans ce monastère. Au reste, le rôle de Marie de Champagne dans la vie littéraire de son temps a sans doute été exagéré [30]. Ces considérations, s'ajoutant à des objections d'ordre chronologique, semble infirmer cette interprétation.

Madame Rita Lejeune a suggéré d'autres commentaires à cette strophe qu'elle traduit ainsi :

> « A noble preuse, comtesse de jeunesse,
> Puisque vous avez illuminé toute la Champagne,
> Je voudrais que vous connaissiez l'amour et l'amitié
> Que je vous porte, puisque je quitte mon âme et mon cœur indolent. » [31]

Ce personnage serait une comtesse ou quelque noble dame, vivant ou possessionnée en la Champagne de Saintonge, un terroir sis aux confins de l'Angoumois, mais proche de Barbezieux. Ce voisinage rend l'hypothèse séduisante ; elle soulève cependant des objections. A Barbezieux, autour de 1200, le nom de Champagne évoque d'abord un village voisin dont une famille de chevalerie porte le nom ; le toponyme se retrouve dans l'Aunis et en Angoumois. Les documents de l'époque ne semblent pas associer le nom

---

30. J. F. BENTON, « The Court of Champagne as a Literary Center », *Speculum*, XXXVI, 1961, p. 551-591.

31. R. LEJEUNE, « Le troubadour Rigaut de Barbezieux », in *Mélanges de linguistique et de littérature romanes à la mémoire d'Istvan Frank*, Saarbrücken, 1957, p. 269-295. Madame Lejeune choisit la version des chansonniers G.H.Q., « comtessa de ioven », qui pourrait faire allusion à la jeunesse d'esprit plutôt qu'à l'âge. A l'article de A. VARVARO, Madame Lejeune a répondu : « Analyse textuelle et histoire littéraire. Rigaut de Barbezieux », *Le Moyen Âge*, LXVIII, 1962, p. 331-377, article suivi de celui de A. VARVARO, « La datation de Rigaut de Barbezieux », *ibid.*, LXX, 1964, p. 377-395, et de la réponse de R. LEJEUNE, « La datation du troubadour Rigaut de Barbezieux. Questions de détail et question de méthode », *ibid.*, p. 397-417.

de *Campania* à cette plaine viticole qu'est devenue la Champagne saintongeaise, familière aux amateurs de cognac [32].

Une série de rapprochements suggèrent une troisième interprétation. Cette « comtesse de jeunesse », comme l'appellent certains manuscrits, pourrait être Blanche de Navarre, mariée à Thibaud III de Champagne en 1199, veuve et régente du comté à partir de 1201. Princesse énergique, Blanche gouverne jusqu'en 1222 au nom de Thibaud IV, son fils, qui portera le surnom de « Chansonnier » pour son talent de trouvère ; la cour de Navarre comme celle de Champagne était accueillante aux poètes [33].

D'autres arguments peuvent étayer cette hypothèse. Les rapports entre la Gascogne et la Navarre étaient depuis des siècles aussi étroits que fréquents. Un frère de Blanche était venu guerroyer en Aquitaine pour Richard Cœur de Lion. La route d'Espagne était familière aux chevaliers français ; Renaud de Pons y était allé combattre les Sarrasins. Blanche elle-même, pour aller de Pampelune à Chartres, où l'on célébra son mariage, a vraisemblablement pris le Chemin de Saint-Jacques qui traverse la Saintonge. Son passage a dû frapper les imaginations, car un autre troubadour s'adresse à Blanche dans un de ses poèmes ; il s'agit de Gausbert de Puycibot, le protégé de Savary de Mauléon :

> « Champagne, bien vous prend que vous ayez une dame sans pareille, incontestablement, quant à la beauté et au sens ; de quoi vous grandissez, car elle fait aimer partout l'Espagne et vous, à cause de sa haute valeur parfaite. » [34]

Un dernier trait vient à l'appui de cette hypothèse. La *vida* de Rigaud rapporte que le poète finit sa vie en Espagne à la cour de

32. L'éditeur du cartulaire du prieuré de Barbezieux hésite à identifier le *Campania* mentionné le plus souvent dans ses textes avec un village de l'actuelle commune de Montchaude (canton de Barbezieux) ; comme la famille de Champagne paraît dans l'entourage des seigneurs de Barbezieux et que ses dons se localisent au voisinage, cette identification est probable ; cf. *A.H.S.A.*, XLI, 1911, p. 273, table. Le prénom d'Hélie est porté par plusieurs générations ; un Hélie de Champagne figure dans une charte de l'abbaye de Baignes, de 1213, *Cartulaire de Baignes*, Cholet éd., Niort, 1868, p. 230.

33. H. d'Arbois de Jubainville, *Histoire des ducs et des comtes de Champagne*, Paris, 1865, t. IV, 1, p. 89-90 et 101-197 ; voir aussi *Histoire de la Champagne*, M. Crubelier dir., Toulouse, 1975, p. 127-130, pages dues à M. Bur.

34. *Éd. cit.*, cf. n. 18, p. 25.

don Diègue. Ce nom désigne un personnage fort connu, don Diego Lopez de Haro, seigneur de Biscaye, connu comme protecteur des poètes. En conflit avec le roi Alphonse de Castille, il se réfugia, de 1201 à 1206, auprès du roi Sanche le Brave de Navarre, son parent ; Blanche était la fille du roi Sanche. Don Diego mourut le 16 septembre 1214 ; un splendide tombeau perpétue sa mémoire [35].

Ces indications, convergeant avec celles que donnent la facture de ses poèmes, autorisent à placer l'activité de Rigaud de Barbezieux aux environs de 1170-1210.

A partir de ce rapide survol, il serait téméraire de vouloir répondre à des questions que les études littéraires et linguistiques ont laissées en suspens. Mais l'historien, sensible aux faits de civilisation, ne peut qu'être frappé par certaines convergences ; les hypothèses rapprochées les unes des autres y gagnent en vraisemblance. Parmi les troubadours de la fin du XIIe siècle et des débuts du XIIIe siècle, on ne trouve pas d'autre Poitevin que Savary de Mauléon, encore celui-ci est-il fortement engagé en Saintonge. Renaud et Geoffroi de Pons, Jordan Bonel, Rigaud de Barbezieux sont bien reconnus comme Saintongeais. Dans cet espace aux caractères originaux que sont les pays situés entre Poitiers et Bordeaux, la poésie lyrique est particulièrement cultivée en Saintonge.

Des synchronismes doivent être soulignés. Selon son dernier biographe, Savary de Mauléon a vraisemblablement exercé son talent poétique avant 1213, à en juger d'après une vie fort occupée et agitée après cette date [36]. Or, Renaud de Pons l'Ancien figure souvent à côté de Savary de Mauléon dans les documents et Renaud le Jeune a pris à l'occasion les mêmes options que le seigneur de Ré. Ce dernier protège Gausbert de Puycibot qui semble bien s'être marié et installé dans la région où prédomine l'influence de son patron. Jordan Bonel, enfin, selon sa *vida*, voua ses chansons à dame Guibour de Montausier, qui aurait épousé en secondes noces un seigneur de Barbezieux et de Chalais. Une charte de Jean sans Terre, donnée à Angoulême le 4 novembre 1214, confirme une transaction où figure Guibour de Montausier, femme

---

35. Cf. G. DE BALPARDA Y DE LAS HERRERIAS, *Historia critica de Vizcayay de susfueros*, Bilbao, 1933-1934, t. II, p. 390-444, et A. VARVARO, *op. cit.* (n. 25), p. 17-18.

36. H.-J. CHAYTOR, *op. cit.* (n. 17), p. 70.

d'Olivier de Chalais, lequel est seigneur, pour partie, de Barbezieux ; deux des quatre arbitres de cette convention sont Ponce de Pons, alors doyen du chapitre de Saintes, et son frère Renaud l'Ancien [37].

Les biographes anciens citent Geoffroi de Tonnay dont la femme, fille de Geoffroi Rudel, aurait été la *Miels de Dame* chantée par Rigaud de Barbezieux. Le nom de Geoffroi réapparaît dans plusieurs générations de la famille de Tonnay, comme chez les Rudel d'ailleurs. Parmi les contemporains de Savary de Mauléon et de Renaud de Pons, un Geoffroi de Tonnay fait partie de ce groupe de barons, garants de traités conclus par les princes. C'est sans doute lui qui, en 1204, fait un don au prieuré de Montierneuf, dépendant de la Trinité de Vendôme, avec l'assentiment de sa femme et de ses frères. Fils de Geoffroi « qui marchait en boitant », il est sans doute décédé avant 1220 [38].

Il existe donc apparemment un groupe nobiliaire qui s'intéresse à la poésie et protège les poètes. Ces hommes, même s'ils n'appartiennent pas à une même génération, sont proches dans le temps.

Ce temps est aussi celui auquel on peut attribuer les plus beaux monuments de l'art roman en Saintonge. Est-il téméraire de supposer que ce même milieu a marqué en ce temps son goût pour d'autres œuvres, comme les poèmes épiques ou les récits historiques ?

Il est certain que la *Chronique de Turpin* et la geste de Girart de Roussillon ont été amplifiées et interpolées pour donner à la Saintonge une place importante et rappeler ses anciennes traditions ; ces œuvres devaient donc avoir l'audience des Saintongeais. Ont-elles pour autant été composées en Saintonge ? Pour répondre

---

37. Charte reproduite d'après les « Rotuli chartarum », Th.-D. Hardy éd., Londres, 1836, n° 231, par J. de La Martinière, dans *A.H.S.A.*, XLI, 1911, p. 201-202.

38. A. VARVARO, *op. cit.* (n. 25), p. 20, n. 35, réunit une série de mentions de Geoffroi de Tonnay. Les cartulaires de l'abbaye de la Trinité de Vendôme en fournissent également, dont le texte cité ci-dessus : « Carta Gaufridi de Talniaco, filii Gaufredi qui claudicando incedebat qua donat... quod concessit uxor illius et fratres... », *A.H.S.A.*, XXII, 1893, p. 120. Le 22 décembre 1216, il est au nombre des destinataires d'une lettre de Henri III, remerciant de leur fidélité des nobles saintongeais et les exhortant à y persévérer : *Calendar of Patent Rolls*, t. I, 1216-1225, Londres, 1901, p. 106.

à cette question, il conviendrait de pousser plus loin les recherches linguistiques. Or, si le poitevin a été étudié, la *scripta* des chartes saintongeaises n'a pas fait l'objet d'une recherche d'ensemble. Pour la langue des troubadours, l'interdépendance entre le poitevin, le limousin et le gascon du XII^e siècle n'a pas été étudiée [39].

La suite importante de documents dont la Société des Archives historiques de la Saintonge et de l'Aunis a assuré la publication, a permis de retrouver ces personnages. Restent à explorer systématiquement les archives anglaises dont les séries publiées ont déjà été mises à contribution.

Il est donc possible d'éclairer d'une lumière encore plus vive et plus nette ces décennies qui furent pour la Saintonge une période brillante de son histoire.

39. C'est l'opinion de M. PFISTER, *op. cit.* (n. 5), p. 52. Sur ce sujet, voir les notations pertinentes de O. MERISALIO, « Remarques sur les documents poitevins du XIII^e siècle », *Neuphilologische Mitteilungen*, LXXXII, 1981, p. 409-416.

# LIBERTÉS, FRANCHISES, COMMUNES : LES ORIGINES. ASPECTS D'UNE MUTATION

(in *Les origines des libertés urbaines, Actes du XVI^e congrès des Historiens médiévistes de l'Enseignement supérieur public, Rouen, 7-8 juin 1985*, Rouen, 1990, p. 7-29)

L'histoire est fille de son temps. Depuis la naissance de l'érudition historique, au XVII^e siècle, le passé des villes a pris une place importante dans les recherches, mais pour des raisons diverses, selon les générations : patriotisme local de ceux que l'on appelait les antiquaires ; opposition à l'emprise croissante de l'administration que l'on souhaite limiter par les corps intermédiaires, plus tard par la décentralisation ; recherches des racines du libéralisme bourgeois, préfiguré dans les *Mouvements du Tiers-État*, des origines du capitalisme moderne et de la lutte des classes, des antécédents du mouvement ouvrier. Chaque génération a projeté dans cette recherche ses préoccupations, suscitant des discussions qui ont éclairé les phases de cette histoire. Le résultat le plus évident en est la publication de nombreux documents grâce auxquels la connaissance des faits progresse plus sûrement. A son tour la génération présente, témoin de l'urbanisation massive de notre siècle, est sensibilisée aux problèmes que pose cette évolution. En se gardant de tomber dans l'anachronisme, il ne semble pas aventuré de dégager des faits historiques quelques tendances qui, dans un contexte différent, peuvent présenter d'une époque à l'autre des analogies [1].

---

1. On ne peut donner ici que quelques indications bibliographiques ponctuelles. Après Ph. WOLFF, *Guide international d'histoire urbaine*, I, *Europe*, Paris, 1977, il peut être utile de se reporter à A. CHEDEVILLE, « De la cité à la ville », dans l'*Histoire de la France urbaine*, G. Duby dir., t. II, *La ville médiévale*, Paris, 1980, p. 29-181, et à la

Le sujet proposé à nos réflexions amène à y distinguer deux plans : les libertés personnelles et réelles intéressant les individus et les lignages, d'une part. D'autre part, l'ordre des pouvoirs publics, plus ou moins largement accordés aux communautés, c'est-à-dire le domaine des *regalia majora* et des *regalia minora*, pour emprunter le vocabulaire des juristes italiens.

## I. Le contexte de l'essor urbain du haut Moyen Âge

L'essor urbain médiéval est l'aspect le plus frappant d'une croissance dont le rythme diffère cependant selon l'état économi-

---

bibliographie, p. 616-638, ainsi qu'à E. Ed. Ennen, *Die europäische Stadt des Mittelalters*, Göttingen, 1979, avec, p. 271-321, une bibliographie de 994 titres. La Catalogne n'ayant pas été abordée dans ce colloque, il convient de signaler l'important travail de P. Bonnassie, *La Catalogne du milieu du* x^e *à la fin du* xii^e *siècle*, 2 vol., Toulouse, 1975, qui étudie la société catalane dans ses aspects urbains et ruraux. – Les franchises des villes et des campagnes ont fait l'objet des recherches de J. M. Font Rius, *Origines del regimen municipal de Cataluña*, Madrid, 1946, 504 p., extrait de *l'Anuario de Historia del Derecho español*, t. XVI, XVII – *Cartas de poblacion y franchicia de Cataluña*, t. I, *Testos, introducción, diplomatario, presentación monographicolocal e indices*, Madrid-Barcelone, 1969. – Réédition d'articles du même auteur, *Estudis sobre els drets i institucions locals en la Catalunya medieval*, Barcelone, 1985, 778 p.

En Allemagne, plusieurs groupes de recherches déploient une grande activité à laquelle participent des savants britanniques, scandinaves, polonais. L'Institut für vergleichende Städtegeschichte de Münster-en-Westphalie publie, sous le titre général de « Städteforschung », des études (A) et des documents (B). Pour les origines des villes, voir par exemple L. Schuette, *Wik. Eine Siedlungsbezeichnung in historischen und sprachlichen Bezügen*, 1976 ; H. Stoob éd., *Die mittelalterliche Städtebildung im südöstlichen Europa*, 1977 ; B. Diestelkamp éd., *Beiträge zum hochmittelalterlichen Städtewesen*, 1982. – Un autre groupe a publié sous la dir. de H. Jankuhn, W. Schlesinger et H. Steuer, *Vor- und Frühformen der europäischen Stadt im Mittelalter* (Symposium... Reinhausen, April 1972), 2 vol., Göttingen, 1973, 1974 (Abhandlungen der Akademie in Göttingen, Phil. Hist. Kl., III. Folge, 83-84) ; voir au t. I un important article de M. Biddle, sur Winchester. – Un troisième groupe, où figure J. Sydow, s'intéresse à l'Allemagne du Sud et à l'Autriche.

que, le niveau culturel et les structures sociales et politiques des pays [2].

## 1. *Une société en mouvement*

On ne peut que rappeler sommairement les aspects principaux de cette expansion. L'incitation vient d'une poussée démographique dont l'ampleur est révélée par de nombreux indices. Cette poussée conduit à une exploitation meilleure des anciens terroirs, à l'extension des surfaces cultivées où apparaissent de nouveaux villages ou bourgs, au développement des villes anciennes et à la formation d'autres centres urbains. Parallèlement les échanges s'intensifient dans un champ de plus en plus étendu. La traditionnelle économie de subsistance s'ouvre aux échanges. Sur les marchés plus nombreux un éventail plus large de produits divers est offert. Les activités commerciales et artisanales tendent à se diversifier et à se spécialiser.

Cette croissance entraîne une mobilité plus grande des populations – paysans ne trouvant plus place dans l'exploitation familiale qu'on ne peut indéfiniment morceler, ni dans les terroirs anciens. Attiré par les possibilités de travail offertes dans les villes et les bourgs, sachant faire le pain, tuer et débiter une bête, tailler le bois, et peut-être même tanner une peau, le paysan est à même de faire de ces tâches, apprises à la campagne, une occupation permanente. Ruraux et citadins peuvent céder à l'attrait du commerce lointain, voire à l'aventure qui les entraîne vers les terres reconquises sur les Sarrasins ou vers les pays de l'Est, récemment entrés dans la chrétienté.

Morcellement d'exploitations anciennes, mise en culture de terres vagues, lotissement du sol urbain ou suburbain, émigration et immigration, autant de faits qui entraînent une multiplication des transactions foncières, décelable surtout à partir des années 960-970.

---

2. Une vue d'ensemble pertinente et stimulante sur les aspects principaux de cette évolution est donnée par R. FOSSIER, *Enfance de l'Europe, X^e^-XII^e^ siècles. Aspects économiques et sociaux* (Nouvelle Clio, 17-17 bis), Paris, 1982 ; voir le 1^er^ chap., « Le poids croissant des hommes », et au t. II, p. 980-1043, les pages intitulées « Qu'est-ce que la ville ? ».

Ces mouvements n'ont pas la même ampleur ni le même caractère d'innovation dans toutes les régions. Il est des rivages qui n'avaient pas perdu toute activité commerciale : les villes d'Italie en contact avec Byzance, les modestes ports du Nord, fréquentés par les Frisons, les Anglo-Saxons, les Scandinaves. Les communautés juives florissantes de Provence, de la Lotharingie, de la vallée du Rhin gardaient des relations lointaines. Les marchands verdunois continuaient encore vers l'an 1000 le fructueux commerce avec l'Andalousie.

Une denrée indispensable, le sel, tiré de l'eau de mer, de sources salées ou de mines n'avait jamais cessé d'alimenter un trafic ; de même le vin, recherché par les pays dont le climat ne permettait pas la viticulture. D'autres régions isolées par le relief ou la langue, ne seront atteintes que tardivement par ce mouvement. D'où les rythmes différents que prend l'expansion selon les pays ; mais toutes finiront par en être atteintes.

## 2. *L'encadrement des hommes et des biens*

Sous l'effet de la pression démographique et de la mobilité des personnes, l'encadrement des hommes et de leur espace, tel que l'avaient conçu les souverains carolingiens, leurs imitateurs et leurs voisins, est visiblement ébranlé. Vers 900 déjà, Gérard d'Aurillac renonçait à récupérer de ses hommes partis au loin ; 100 ou 150 ans plus tard la forfuyance a pris une ampleur qui rend difficiles les poursuites. Sortis de leur milieu habituel, loin des autorités traditionnellement reconnues, confrontés à d'autres déracinés, aussi attachés qu'eux à réussir, ces hommes ont besoin de protection dans un monde où croissent les tensions. Les chroniques ne relatent qu'agressions et la société, à les croire, serait livrée à une vaste foire d'empoigne. « Il n'y a plus de loi », gémit Adson de Montier-en-Der. La justice traditionnelle avec son système d'amende et de compensation, son formalisme, ne semble plus répondre aux exigences de la situation dans certains pays. Faut-il pour autant parler d'anarchie, d'effondrement d'un ordre social et politique ? Ces vues semblent excessives, car, sans parler des pays où les institutions anciennes survivent ou de ceux tenus déjà en main par des princes énergiques, il s'agit peut-être plutôt d'une démultiplication des pouvoirs et de leur transfert, visant une plus grande efficacité.

Les historiens voient bien dans cette période, dite naguère du « premier âge féodal », une étape importante dans l'évolution de la société médiévale ; ils ont donné leur attention plus particulièrement à la formation des principautés, à l'établissement des châteaux et des châtellenies, aux mouvements de paix. Mais, comme le remarque P. Ourliac, « aux Xe et XIe siècles la diversité est la règle. Chaque petit pays a sa réponse propre aux questions – le pouvoir, la propriété, la justice – qui se posent partout » [3]. Or, c'est précisément sur ces questions que l'on est obligé d'abandonner les généralisations séduisantes de jadis, en attendant que les recherches éclairent les origines de la seigneurie médiévale, l'apparition d'une justice du sang, la diffusion du lien vassalique et de l'hommage. Ce sont là problèmes importants. La seigneurie, pièce maîtresse de la structure sociale du Moyen Âge, résistera, bien au-delà du XVe siècle, aux efforts unificateurs de la royauté et de ses légistes, marquant profondément les mentalités [4]. Quant à la justice du sang, elle aggravera peines et châtiments, et hantera longtemps les imaginations.

On parle moins d'« anarchie féodale ». Pour nombre de régions on cherche en vain dans les textes des Xe et XIe siècles des

3. P. OURLIAC, « A feo dare... » (voir. n. 8), p. 134.

4. « La prolifération des pouvoirs seigneuriaux qui ont changé la face de l'Europe » est évoquée par G. TABACCO, « Alleu et fief au niveau politique dans le royaume d'Italie (Xe-XIe s.) », *Cahiers de Civilisation médiévale*, 1980, p. 3-15 (citation, p. 5), où l'auteur démontre, en un exemple précis, l'influence d'idées préconçues sur la recherche : les travaux de G. Tabacco représentent une contribution importante au travail de précision et de révision en cours sur les IXe-XIIe siècles.

La recherche tend à distinguer plus nettement seigneurie et féodalité. Cette dernière est mieux connue, comme il apparaît dans les travaux présentés au colloque de Rome d'octobre 1978, *Structures féodales et féodalisme dans l'Occident méditerranéen (Xe-XIIIe s.)*, Rome, 1980 ; voir le compte rendu de G. TABACCO, « Il sistema della fedeltà e delle signorie negli arei mediterranei », *Studi medievali*, 3e série, XX, 1979, p. 409-415. Quant à la seigneurie, les magistrales synthèses de M. Bloch et le Ch.-Ed. Perrin sont toujours à consulter. Alors que M. Bloch déplorait encore les lacunes de nos connaissances sur la seigneurie méridionale, les recherches de P. Ourliac, É. Magnou-Nortier, Ch. Higounet, A. Debord ont éclairé ce problème. Pour la France septentrionale, il faut, selon un ouvrage récent, « se résigner à ne pas connaître le moment d'origine de la seigneurie banale (en a-t-elle un autre que la construction des châteaux ?) », D. BARTHÉLEMY, *Les deux âges de la seigneurie banale (Coucy, XIe-XIIe s.)*, Paris, 1984, p. 59.

indices de vasselages ou de fiefs, au sens classique du terme ; les structures anciennes y ont résisté. Il était des pays où la croissance ne s'accompagnait pas des tensions constatées ailleurs.

3. *Aspects de l'évolution*

D'autres facteurs introduisent des décalages dans le changement. Il est inutile d'insister sur le lien évident entre l'essor économique et le mouvement urbain dans les deux zones clefs de la croissance médiévale que furent l'Italie du Nord et la Flandre ; les retombées en furent sensibles le long des voies terrestres, plus tard des routes maritimes les reliant. Encore faut-il distinguer, sur ces itinéraires comme ailleurs, entre les centres de commerce régional, à rayon plus ou moins large, et les villes, vivant principalement des échanges interrégionaux. Ces dernières n'auront pas toujours la plus large autonomie, car le grand commerce, dégagé des conditions locales, a besoin de la protection du prince. En un premier temps, ce sont des centres régionaux qui se multiplient au-delà de l'Elbe, où l'expansion s'accompagne de l'installation de paysans affranchis dans les campagnes et d'artisans libres dans les villes neuves.

En revanche, des régions ne participaient que marginalement à cette croissance et résistaient au changement. Le Rouergue offre un exemple de la vitalité des institutions anciennes. Comme d'autres régions d'Aquitaine, il a pu contribuer au repeuplement des territoires espagnols libérés des Sarrasins. La Bretagne, éprouvée par les invasions scandinaves, le départ de ses élites et l'émigration de paysans se retrouvant dans les nombreuses « Bretonneries » du bassin de la Seine, reste peu sensible aux nouveautés.

Outre ces facteurs, les traditions culturelles peuvent déterminer des attitudes différentes devant la croissance.

La pratique de l'écrit, par exemple, est plus familière à l'Italie, à l'Espagne et à la France méridionale qu'à la France du Nord ou à l'Allemagne ; les mentions précoces de notaires dans les villes méridionales au XI^e^ siècle en sont un indice. Les transactions et les communications en étaient facilitées. Ces mêmes régions méridionales ont la connaissance et la pratique de règles juridiques inspirées du droit romain. La *lex Gotorum* ou le *Liber Judicum* sont encore couramment cités dans les chartes espagnoles du X^e^, voire du XI^e^ siècle ; en Aquitaine, Provence et Bourgogne, on conserve des manuels de droit romain, en attendant que soit rédigé, dans la région d'Arles, vers le milieu du XIIe siècle, un nouveau *Compendium* du code de Justinien, le *Codi*. Commentés et appliqués par les *jurisperiti*, signalés à partir du XIIe siècle, ces divers recueils transmettent les règles juridiques d'une société antique largement urbanisée, alors que les coutumes d'origine germanique répondent aux besoins de paysans.

Ces considérations n'entendent pas expliquer tous les aspects de la croissance, sensible à partir du Xe siècle ; elles peuvent aider à comprendre la répartition géographique très inégale des chartes de franchises, l'ampleur variable de leurs concessions et leur échelonnement différencié dans le temps.

Dans ce mouvement au rythme varié selon les pays, il semble possible de dégager des phases, marquées par des changements qui, sensibles partout, n'ont cependant pas le même sens dans tous les cas.

Pendant la seconde moitié du Xe siècle et les premières décennies du XIe, on note l'appropriation des forteresses publiques, l'apparition des premiers châteaux à motte et basse-cour fossoyée entre Loire et Rhin, des premiers castels sur les hauteurs de l'Italie centrale, la formation du réseau de sites fortifiés catalans, le plus dense de l'Occident, les premières mentions de mauvaises coutumes, le sentiment croissant d'insécurité, les premiers conciles de Paix.

Vers 1030-1060, l'ébranlement des pouvoirs traditionnels se traduit par des tensions et affrontements en Catalogne, Aquitaine, Provence, Bourgogne et dans le domaine royal français. Les liens personnels se multiplient, *convenientiae* des pays méridionaux, contrats féodo-vassaliques. Les contours de la seigneurie naissante se marquent plus nettement. Les premiers indices d'une justice du sang apparaissant alors, le recours au duel judiciaire se fait plus fréquent [5].

5. Une première approche de ce problème est donnée par A. C. F. KOCH, « L'origine de la haute et de la moyenne justice dans l'Ouest et le Nord de la France », *Revue d'Histoire du Droit*, XXI, 1953, p. 420-458. L'aspect pénal est abordé, pour les origines, dans les premières pages de l'article de B. SCHNAPPER, « Les peines arbitraires du XIIIe au XVIIIe siècle. Doctrines savantes et usages français », *ibid.*, XLI, 1973, p. 237-277. Pour l'Allemagne, voir H. HIRSCH, *Die hohe Gerichtsbarkeit im deutschen Mittelalter*, 1922, rééd. avec postface de Th. Mayer,

A la fin du XIe et au début du XIIe siècle, les princes entreprennent d'utiliser systématiquement le modèle féodal pour une nouvelle forme de pouvoir, en imposant une suzeraineté qui devient souveraineté. L'échec de la politique des souverains allemands dans la Querelle des Investitures fera évoluer l'Allemagne et l'Italie dans un sens différent de celui des monarchies féodales d'Occident. C'est l'époque où se forment les premières communes en France et Lotharingie, et les premiers consulats en Italie. Il devient nécessaire de définir la place des communautés urbaines et rurales dans les nouvelles structures.

Cet effort de structuration des pouvoirs princiers et de définition des statuts urbains et ruraux se fait dans une société plus sensible que jadis aux règles formulées du droit. La renaissance du droit romain, partie de Provence et de Lombardie, la codification du droit canon dans le Décret de Gratien et les premières gloses, sont l'œuvre de juristes qui tendent à former, d'abord dans l'Italie du Nord, une catégorie sociale liée par des solidarités d'école et sûre de ses techniques. Leur rôle ne cessa de s'affirmer dans la société médiévale.

Du fait de ces efforts de structuration et de définition, citadins et ruraux en quête de libertés disposent de modèles qui se retrouveront dans les chartes de franchises rurales et les statuts urbains des siècles suivants. On peut considérer qu'une première phase du mouvement d'affranchissement se termine dans les dernières décennies du XIIe siècle.

## II. Franchises et Libertés : aspects d'une évolution sociale [6]

Qu'il s'agisse de villes anciennes ou de fondations nouvelles, la croissance pose des problèmes fonciers dont l'étude a souvent

Darmstadt, 1958 ; R. HIS, *Das Strafrecht des deutschen Mittelalters*, 2 vol., Weimar, 1920-1935, réimpr. Aalen, 1964.

6. Deux ouvrages sur les libertés médiévales : R. VON KELLER, *Freiheitsgedanken für Person und Eigentum im Mittelalter. Eine Vorgeschichte moderner Verfassungsgrundrechte*, Heidelberg, 1933 ; S. MOCHI ONORY, *Studi sulle origini storiche dei diritti essenziali della persona*, Bologne, 1937.

été négligée par l'historiographie. « La conquête des antiques cités par la seigneurie foncière, la soumission de ce sol naguère autonome au cens, à l'investiture, à toutes les formes, en un mot, des droits supérieurs des seigneurs terriens, voilà, encore qu'il soit souvent passé inaperçu, l'obscur problème », telle était l'opinion de Marc Bloch, il y a plus d'un demi-siècle [7]. Depuis lors, l'archéologie a montré sur le terrain la densité croissante de l'occupation du sol urbain, dans les cités anciennes comme dans les villes neuves.

Celles-ci présentent généralement un plan ordonné avec des parcelles de surface égale, soumises aux mêmes redevances, le plus souvent un cens annuel et des taxes de mutations. Tel est, à quelques nuances près, le statut du sol urbain dans les villes nouvellement fondées, comme Caen vers 1025, Fribourg-en-Brisgau en 1120, Lübeck vers 1158, Montauban en 1144. Il est rare de voir les fonds urbains libres de toute charge, comme à Montélimar d'après la charte de 1228. Dans les villes et bourgs anciens la situation est plus complexe. Les lotissements peuvent y être anciens, tels ceux du port de Gand, dont le comte de Flandre dispose en faveur de l'abbaye du Mont Blandin en 941. A Cologne avant 980 les terrains bâtis ou à bâtir payaient à l'archevêque un *census curiae*, dont étaient exempts les ministériaux et les juifs. Une franchise totale de cens foncier était reconnue par Otton III aux habitants de Passau en 973, et par l'évêque de Naumburg vers 1033 aux marchands venant s'y établir. Cette franchise totale était celle des alleux urbains dont l'existence est attestée dans les régions bien documentées comme la Lombardie et la Catalogne ; les précaires et, en Italie, les tenures libellaires occupaient une partie du sol urbain. Des limites étaient parfois imposées aux transactions foncières ; le *fuero* de Jaca, de 1065, interdit de vendre les possessions urbaines aux églises et aux nobles. La plupart des statuts urbains reconnaissent la libre possession d'un bien urbain à qui l'ont tenu sans contestation pendant un an et un jour.

La liberté la plus importante est de pouvoir diviser ces biens urbains, les charger de nouvelles redevances et les constituer en gage d'opérations financières. La valeur du sol urbain n'avait cessé de

7. M. BLOCH, « Liberté et servitude personnelles au Moyen Âge. Contribution à l'étude des classes », *Anuario de Historia del Derecho español*, 1933, p. 5-101, rééd. dans *Mélanges historiques*, I, Paris, 1963, p. 286-355 ; passage cité, p. 84 ou 342.

monter depuis les dernières décennies du xe siècle. A Milan et en Catalogne, où l'on dispose d'archives importantes, cette valeur a quintuplé de 970 à 1050. A partir du milieu du XIe siècle les contrats de mort-gage sont signalés dans ces mêmes régions, mais aussi en Lotharingie. Les constitutions de rentes deviennent plus fréquentes à partir de la fin du XIe siècle, notamment en faveur des églises qui reçoivent moins de dons en biens fonds. Même dans les centres de commerce actif comme Barcelone, Gênes, Milan, la propriété foncière est la principale source de capitaux, où la plus-value du sol urbain représente une part non négligeable [8].

En ville comme à la campagne l'essor démographique et l'une de ses conséquences, la mobilité des hommes, amenaient les autorités à prendre des mesures propres, selon les cas, à retenir ou à attirer des habitants. L'accueil est particulièrement large aux frontières menacées ; la charte de la ville catalane de Cardona, en 980, et le *fuero* de Léon, de 1020 environ, promettent franchise et immunité

8. Depuis l'ouvrage de F. DES MAREZ, *Étude sur la propriété foncière dans les villes du Moyen Âge et particulièrement en Flandre*, Gand, 1898, et sa critique par S. RIETSCHEK, « Die Entstehung der freien Erbleihe », *Zeitschrift der Savigny-Stiftung für Rechtsgeschichte – Germ. Abt.*, 1901, p. 181-244, les statuts du sol urbain ont été étudiés, notamment dans les pays disposant de documents pour le haut Moyen Âge, l'Italie, la France méridionale, l'Espagne. En France, le cas le mieux connu est celui de Toulouse : H. RICHARDOT, « Le fief roturier à Toulouse aux XIIe et XIIIe siècles », *Revue historique de Droit français et étranger*, 4e série, XIV, 1935, p. 307-359, 495-569 ; M. CASTAING-SICARD, *Les contrats dans le très ancien droit toulousain*, Toulouse, 1959 ; P. OURLIAC, « A feo dare. – Note sur le fief toulousain aux Xe et XIe siècles », *Estudios en homenaje a don Claudio Sanchez Albornoz en sus 90 anos*, Buenos-Aires, 1983, p. 133-144, qui fait état des documents du cartulaire de l'abbaye de Lézat, publié par ses soins, et appuie les observations de É. Magnou-Nortier, P. Bonnassie, J.-P. Poly et F. Bournazel sur cette question (p. 142, n. 45), mais n'accepte pas la qualification de « fief roturier » donné à la tenure par Richardot (p. 144, n. 51). Pour le lotissement des villes neuves, voir l'article de B. DIESTEL-KAMP, « Gründerleihe », in *Handwörterbuch zur deutschen Rechtsgeschichte*, t. I, 1971, c. 1841. Pour la France du Sud-Ouest, les travaux de P. Ourliac et de Ch. Higounet sur les sauvetés et les bastides, les études sur des villes nouvelles comme Montauban éclairent ce problème. L'unification du statut des tenures urbaines ne s'est pas faite partout. L'intérêt de certaines opérations financières est soulignée par C. VIOLANTE, « Les prêts sur gages fonciers dans la vie économique et sociale de Milan au XIe siècle », *Cahiers de Civilisation médiévale*, 1968, p. 147-168, où sont rappelés les travaux antérieurs de R. Genestal, H. Van Werveke et F. Vercauteren, concernant la Normandie, la Flandre et la Lotharingie.

aux criminels et aux couples adultères. La plus ancienne charte de commune française, celle de Saint-Quentin, n'exclut que les larrons. Dans l'ensemble, les statuts urbains protègent l'immigrant contre toute revendication venant de l'extérieur, notamment s'il n'a pas été réclamé dans le délai d'an et jour. Aussi les historiens allemands du XIXe siècle ont-ils forgé la maxime : « Stadtluft macht frei ». L'air de la ville rend libre.

Cette règle comporte cependant des exceptions. Les villes et bourgs ont grandi grâce à l'immigration rurale provenant en très grande partie du plat pays voisin. Or, ces paysans retrouvaient souvent en ville le maître dont ils dépendaient à l'un ou l'autre titre. Le roi de France, volontiers protecteur des communes dans les cités des autres, doit reconnaître en 1128 que les hommes de l'abbé de Saint-Riquier ne peuvent faire partie de la commune de ce lieu ; et le paysan, voulant entrer en commune, doit d'abord désintéresser son seigneur. Une décision analogue est posée pour Sens par Louis VII à l'égard des tributaires d'églises. Du côté des seigneurs laïcs, le comte de Blois affranchit, en 1196, tous ses serfs venant habiter Blois ou sa banlieue, mais Louis VII, en 1180, avait libéré ses serfs résidant déjà à Orléans et dans un rayon de cinq lieues autour de la cité, en excluant ceux qui dans l'avenir « afflueraient vers ces lieux pour la liberté ».

La charte par laquelle, en 1190, le comte Philippe de Flandre affranchit ses serfs de Courtrai, qui jouiront dorénavant de la « liberté des bourgeois », attire l'attention sur une autre catégorie de personnes. Ces serfs affranchis de Courtrai devront dorénavant à la cathédrale Notre-Dame de Tournai la capitation, la taxe de mariage et la mainmorte, c'est-à-dire qu'ils deviennent des « sainteurs ». Ces tributaires d'église, représentés surtout dans les pays rhénans, en Lotharingie et dans le Nord de la France, étaient réputés libres, bien que soumis à une capitation, une taxe de mariage et à la mainmorte. De condition voisine de celle des ministériaux, ils contribuèrent, les uns et les autres, à former le patriciat des villes de ces régions. A Spire, dès 1111, à Mayence, en 1114, ils avaient été affranchis de la mainmorte. A Metz cependant, le meilleur habit des morts continuait à être prélevé parmi tous les habitants, mais en 1223 l'évêque avait eu l'habilité d'affecter cette redevance à l'hôpital Saint-Nicolas, fondé et géré par les bourgeois. Destiné à disparaître dans la plupart des villes, cette catégorie sociale devait se maintenir pendant des siècles Outre-Rhin.

L'évolution observée dans le domaine du droit et de la justice conduisait à définir de nouvelles procédures, mais aussi à insérer des garanties dans les chartes de franchise. Un principe traditionnel d'équité, souvent rappelé dans les capitulaires carolingiens, exige que l'on ne procède contre un homme que selon la loi et devant un tribunal régulier. Une telle assurance est déjà donnée par les empereurs à des cités italiennes comme Crémone en 996, Mantoue en 1055, Pise en 1081 ; on la trouve dans les documents concernant Fribourg-en-Brisgau en 1120, Aix-la-Chapelle en 1215, Strasbourg, en 1219 ; mais aussi dans le royaume de France, à Montpellier en 1204, et en Espagne. Devant l'aggravation des procédures pénales, des garanties furent octroyées dès le XIe siècle à des villes espagnoles dont les habitants ne pouvaient être arrêtés s'ils donnaient une caution ; c'est le cas pour Najéra vers 1050, Jaca en 1064, par exemple. La même préoccupation se manifeste à Pise en 1081 ; en France, de nombreux textes du XIIe siècle portent une clause semblable : dans le domaine royal, la charte de Lorris, celles de Dun-le-Roi et de Bourges ; en Normandie, la loi de Verneuil. A en juger d'après des clauses semblables figurant dans les statuts anglais et scandinaves, c'était là une franchise à laquelle l'homme médiéval tenait le plus, acceptant difficilement l'incarcération. Bien des villes obtinrent en outre le privilège de *non evocando*, c'est-à-dire de ne pas être cité devant un tribunal extérieur ; certaines se firent concéder ce même privilège à l'égard de la juridiction ecclésiastique.

Dans le domaine des preuves, le duel judiciaire était combattu par l'Église, les légistes rejoignant les décretistes sur ce point. Les milieux marchands passaient pour y être hostiles ; on citait à ce propos les marchands de Tiel du début du XIe siècle. En fait, le recours à ce mode de preuve devint même plus fréquent dans la Catalogne du XIe siècle et il ne disparut pas complètement aux siècles suivants. Sur ce point les solutions données par les chartes sont très diverses. En Flandre, dès la fondation de Grammont vers 1067-1070, le duel est interdit, comme il le sera à Saint-Quentin vers 1081, à Ypres, Saint-Omer et dans d'autres villes flamandes. Ailleurs il est stipulé que le bourgeois ne peut être contraint au duel : c'est le cas à Londres, sous Henri Ier, vers 1130-1133. Le plus souvent le recours à des co-jureurs dispense du duel. Paradoxalement, ce sont les régions imprégnées de traditions romaines qui semblent être restées attachées à ce mode barbare de preuve. Sur plus de 600 coutumes de la France méridionale, une centaine traite du duel judiciaire [9]. L'influence du droit savant élimina peu à peu cette pratique, mais il en subsistait encore des vestiges au début du XVIe siècle.

Les chartes de franchises traitent encore de nombreuses autres questions, comme la liberté de mariage pour les filles ou de remariage pour les veuves [10], droit reconnu par Jean sans Terre aux communes de La Rochelle, Saintes et d'autres lieux avec la liberté de tester et d'hériter, alors que le roi ne les reconnaît pas à ses vassaux poitevins et saintongeais.

Quant aux affaires militaires, les localités affranchies obtenaient généralement une limitation du service d'ost, tant pour les cavaliers que pour les piétons et les charrois. La prestation la plus généralement imposée était d'assurer le guet et de défendre la ville en cas d'attaque. L'entretien des murailles était le plus souvent à la charge des habitants, sous la responsabilité de leurs représentants ou celle des agents du prince. Les villages voisins, soumis au *bian*, y contribuaient. Peut-être s'agissait-il d'une obligation ancienne, qui expliquerait le maintien de relations entre les cités et le plat pays dans un rayon de plusieurs milles, comme le suggère l'existence de la septaine de Bourges et la quinte d'autres cités d'Aquitaine et de l'ancienne Lyonnaise Troisième.

Pour ne rien oublier d'important, il conviendrait de noter les aspects économiques de ces franchises, celles qui concernent les marchés, les foires, la production artisanale. Ces activités sont de celles qui caractérisent un centre urbain. Mais le *jus fori* des cités allemandes du Xe siècle, par exemple, contrairement à ce qui avait

9. P. OURLIAC, « Le duel judiciaire dans le Sud-Ouest », *Revue du Nord*, 1958, p. 345-348, réimprimé dans *Études d'histoire du droit médiéval*, I, Paris, 1979, p. 255-258 ; J.-M. CARBASSE, « Le duel judiciaire dans les coutumes méridionales », *Annales du Midi*, LXXXVII, 1975, p. 385-403.

10. P. PETOT, « Licence de mariage et formariage des serfs dans les coutumes françaises du Moyen Âge », *Annales d'Histoire de Droit* (Poznan), II, 1949, p. 199-208 ; E. R. COLEMAN, « Medieval marriage characteristics : A neglected factor in the history of medieval serfdom », *The Journal of interdisciplinary History*, II, 1971-1972, p. 205-219 ; E. SEARLE, « Seigneurial control of women's marriage. The antecedents and function of merchet in England », *Past and Present*, LXXXII, février 1979, p. 3-41 ; M. GARAUD, « La charte de franchise accordée aux Poitevins par Aliénor d'Aquitaine en 1199 », *Études d'histoire du droit privé offertes à Pierre Petot*, Paris, 1959, p. 191-198.

été affirmé jadis, le « droit des marchands », ne semble pas, aux yeux des chercheurs actuels, avoir été la source principale des statuts urbains. L'organisation du marché urbain et certaines pratiques commerciales, comme l'obligation de vendre à crédit au seigneur, tiennent cependant une place non négligeable dans les chartes.

Dans ces textes, il est fait une grande part aux peines prévues en cas d'injures, de rixes, de vol, d'incendie volontaire, d'adultère, d'homicide. La rigueur des châtiments est inspirée par le besoin de sécurité. C'est bien dans les chartes urbaines que la nouvelle justice du sang se manifeste avec le plus de dureté, en attendant que ces dispositions passent dans des ordonnances princières, comme la *Carolina* édictée par Charles-Quint pour l'Empire.

Dans la grande diversité de leurs dispositions, chartes et statuts présentent cependant des caractères communs. A partir du XIII^e^ siècle, la politique des princes et l'influence des légistes et des canonistes tendront à faire disparaître les inégalités juridiques affectant les personnes et les tenures urbaines, tandis que s'accentueront les disparités dans le domaine économique et social.

## III. Communes : le problème des origines

Plus que l'étude des franchises, c'est la conquête ou le partage des pouvoirs dans les villes qui intéressait jadis la recherche historique. Des défenseurs des corps intermédiaires de l'Ancien Régime aux partisans actuels de la décentralisation, les motivations d'inspiration diverse allaient dans le même sens. Depuis le milieu du XX^e^ siècle, les historiens ont porté une attention plus grande aux faits sociaux ; ils ont nuancé le caractère et la portée de la « révolution communale », en jetant une lumière neuve sur la période antérieure à celle-ci.

### 1. *La ville royale ou seigneuriale*

Dans les cités anciennes, comme dans les centres nouveaux formés autour de la triade, château, marché, prieuré ou chapitre, le maître ne domine pas une population inorganisée.

a. Un ordre structuré, le clergé

Aucun groupe social ne présente autant de facteurs de cohésion que le clergé : une hiérarchie définie d'institution divine, un droit s'inspirant dans ses principes de la législation antique, un tribunal, des réunions périodiques, synodes diocésains ou provinciaux, conciles. Héritier de la culture antique, ses représentants les plus distingués détiennent le savoir, mais aussi les techniques administratives, sans lesquelles on ne peut gérer un patrimoine. Or, la générosité des fidèles de tout rang a doté les églises de biens considérables, dont le privilège d'immunité exclut les agents du prince. Cette puissance suscite des oppositions d'autant plus vives que les pouvoirs du clergé sont plus étendus, comme c'est le cas dans l'Empire et dans certaines cités du Nord de la France. Quand le prince a maintenu son autorité et limité l'immunité, ces tensions sont moins sensibles ; ainsi en est-il en Aquitaine, en Normandie, en Angleterre.

b. Un ordre aux solidarités multiples

Les laïcs, qui composent avec les clercs la société chrétienne, sont bien considérés par la doctrine traditionnelle comme le second ordre ; leur nombre seul les empêcherait déjà de former un groupe aussi cohérent que le clergé. Mais l'homme médiéval n'est pas individualiste.

La première des solidarités où il est engagé est celle du lignage, qui tend à se renforcer au XIe siècle devant les changements dont les contemporains ne peuvent mesurer la portée [11]. L'immigrant, même s'il veut échapper à sa famille d'origine, découvre en ville la force du groupement lignager. Il entre comme serviteur ou client dans la dépendance d'un clan installé ou, s'il en a l'étoffe et les moyens, se fait une place d'« homme nouveau ». La solidarité lignagère se manifeste dans la défense du patrimoine familial, parfois indivis, et dans la protection des personnes, pouvant aller jusqu'à la

11. J. HEERS, *Le clan familial au Moyen Âge*, Paris, 1974 ; *Famille et parenté dans l'Occident médiéval, Actes du colloque de Paris (6-8 juin 1974)* (Collection de l'École française de Rome), G. Duby et J. Le Goff éd., Rome, 1977 ; F. NINNOLAI, « Iconsorzi nobiliari ed il comune nell'alta e media Italia », *Rivista storica del Diritto italiano*, 1940, p. 116-147, 292-342, 397-477.

guerre privée considérée comme l'exercice d'un droit. Intéressant toutes les strates sociales, cette solidarité lignagère prend plus de poids dans les familles riches de biens ou/et de pouvoirs. Ces *optimates* ou *meliores urbis*, surtout s'ils s'allient entre eux, forment une puissance avec laquelle le maître de la ville doit compter. La manifestation la plus apparente de cette force est l'habitat fortifié qui hérisse de tours les cités italiennes et parfois les villes cisalpines [12].

Ce groupe est en fait peu homogène, ce qui explique les luttes intestines des cités italiennes. On y trouve les officiers du prince, vicomtes, viguiers, officiers palatins (sénéchal, chambrier, maréchal, bouteiller), de riches alleutiers ayant arrondi leurs propriétés par des précaires, des censives ou des fiefs, des nobles, possessionnés dans la campagne, mais vivant en ville, comme ceux qui affluèrent autour de 1100 dans les cités italiennes et y resteront, alors que la noblesse quittera les villes de France et d'Allemagne, comme le fera remarquer Salimbene.

Les autres habitants, dans la mesure où ils ne sont pas entrés dans la dépendance d'un notable, peuvent, pour certains au moins, trouver entraide et défense dans l'association. Canons conciliaires et capitulaires carolingiens signalent l'existence de ghildes dont ils réprouvent les pratiques, c'est-à-dire le serment et les banquets. La répétition même de ces interdictions prouve la vitalité de ces groupes. Composés encore au IXe siècle d'hommes et de femmes de toute condition, la ghilde s'adapte au changement en devenant professionnelle à la fin du Xe siècle. Alpert de Metz décrit au début du XIe siècle le comportement des marchands de Tiel, le premier exemple d'un nouveau type de ghilde. Cette forme d'association se

12. Les études sur le patriciat urbain sont très nombreuses, notamment en Allemagne, mais elles concernent généralement la période postérieure à 1200. Dans la plupart des cas il s'agit de « notables » ou de membres d'une classe dirigeante et non de patriciens au sens strict du terme. Sur la difficulté de définir le patriciat, voir l'étude de sociologie historique de Y. BAREL, *La ville médiévale, système social, système urbain*, Grenoble, 1975, p. 80 ss. – Un autre terme est proposé par H. PLANITZ, « Zur Geschichte des städtischen Meliorats », *Zeitschrift der Savigny-Stiftung für Rechtsgeschichte – Germ. Abt.*, LXIV, 1944, p. 141-175, et repris par K. SCHULZ, « Richerzeche, Meliorat und Ministerialität in Köln », *Rheinische Vierteljahrsblätter*, XXXVII, 1973, p. 149-172. – Un récent ouvrage sur les habitats fortifiés de la Rome médiévale, avec une bibliographie sur la question : A. KATERMAA-OTTELA, *Le casetorri medievali in Roma* (Societas Scientiarum Feenica – Commentationes humanarurn litterarum, 67), Helsinki, 1981.

répand au cours des décennies suivantes en Angleterre et en Flandre (Saint-Omer, Valenciennes), mais semble intéresser les seuls marchands.

Plus nombreuses sont les associations d'autres types qui apparaissent dans les textes du XIe siècle : confréries religieuses, groupements de quartier ou voisinages (*viciniae*) ou même communautés d'habitants qui, sans former encore un corps territorial ou un groupe politique, sont destinataires de diplômes impériaux en Italie et en Allemagne.

Les cités de ces pays, dont les évêques ont obtenu l'immunité et le plus souvent des droits comtaux, forment une circonscription exempte ; les habitants participent au privilège du seigneur évêque, dont l'application et l'interprétation donnent naissance à la *consuetudo civium* qui traduit encore un droit seigneurial, mais représente un élément de solidarité.

### c. Exemples de groupements territoriaux

Il est cependant des cas où la population agit en corps, sans que l'on puisse pour autant parler déjà de statut municipal.

En Espagne, la cohésion des groupes de peuplement dans les terres reconquises se renforça en raison même des exigences de la colonisation et de la défense de leurs intérêts communs. Sur le modèle du *conventus publicus vicinorum* de l'époque wisigothique, connu au moins par les textes, tout ou partie des hommes libres d'une localité se réunissent en conseil (*concilium*, *concejo*) pour régler des problèmes relatifs à l'exploitation des terres, aux pâtures du bétail, à l'abornage, et même au salaire des ouvriers agricoles et au prix des denrées. Ces conseils furent les noyaux des futures municipalités ; les *fueros* concédés par les princes et seigneurs élargirent progressivement leurs compétences.

Les paroisses, organisées dans toute la chrétienté, formaient également des communautés avec des assemblées ; les synodes paroissiaux s'occupaient de l'entretien des lieux de culte, mais aussi des pécheurs publics et pouvaient de ce fait intervenir contre les adultères, les usuriers, par exemple. Malgré ces interférences possibles avec la justice laïque, les paroisses ne semblent pas être à l'origine d'organismes municipaux ; plus tard, elles participeront à l'administration, comme la plus petite des unités territoriales.

### d. Dans les rouages de l'administration seigneuriale

La formation des seigneuries urbaines faisait passer sous l'autorité du maître de la ville des institutions publiques, comme les plaits. Or, dans ces instances, la définition du droit revenait à des hommes, les échevins dans la France du Nord, la Lotharingie et l'Allemagne, les *boni* ou *probi homines* en Aquitaine, Provence, Italie et Espagne. Choisis pour le tribunal urbain dans la ville, ces hommes se transmettaient leur expérience de la coutume locale, et furent peu à peu reconnus comme les représentants de la population et chargés d'autres tâches administratives. La continuité entre les échevinages carolingiens et les conseils d'échevins des cités du XII^e^ siècle peut être considérée comme assurée. Cependant, le nom d'échevin sera donné à des magistrats de villes neuves où cette continuité ne peut évidemment pas être affirmée.

Ce milieu de notables avait le même cadre, le même genre de vie et parfois le même statut légal que les officiers seigneuriaux ; par des alliances familiales, les offices devenus héréditaires pouvaient passer d'un groupe à l'autre, notamment les fiefs de monétaires. Ainsi se préparait la fusion entre les familles de ministériaux et celles de citadins qui allaient former le « patriciat », maître des municipalités dans les cités anciennes [13].

### e. L'encadrement de la vie économique

Comme l'observait H. Pirenne, c'est le marché local, se tenant une ou plusieurs fois par semaine, qui est un facteur important de la vie urbaine. Toutes les localités pourvues d'un marché ne sont pas devenues des villes ; mais toute ville a un ou plusieurs marchés hebdomadaires, et parfois une ou plusieurs foires annuelles.

L'organisation du marché s'était précisée dans le cadre des seigneuries urbaines. Les pouvoirs locaux bénéficiaient des taxes,

13. Le rôle de la ministérialité dans la formation de la classe dirigeante des villes d'Empire a été souligné par les études de K. SCHULZ, *Ministerialität und Bürgertum in Trier* (Rheinisches Archiv, 66), Bonn, 1968 ; ID., « Ministerialität als Problem der Stadtgeschichte. Einige allgemeine bemerkungen erläutert am Beispiel der Stadt Worms », *Rheinische Vierteljahrsblätter*, XXXII, 1968, p. 184-219.

jadis levées au profit du souverain (péages, tonlieux), et l'essor économique leur avait suggéré d'en établir de nouvelles, les *coutumes*. Ainsi le seigneur urbain se réservait un monopole temporaire, comme le *banvin*, en vertu duquel seul le seigneur avait le droit de vendre du vin pendant certaines périodes. Les bourgeois seront soucieux de limiter ou même de faire abolir ce monopole. Parfois le seigneur s'était réservé la faculté de faire des achats à crédit (*creditio rerum venalium*).

Pour faciliter le contrôle de ces activités, celles-ci devaient être localisées. Le groupement des échoppes et des étaux autour de la place centrale des villes neuves ou dans certaines rues n'a pu se faire que par l'autorité seigneuriale. Bien des villes ont gardé le souvenir d'un marché-aux-herbes, du marché-aux-bestiaux, à la volaille, rue des Merciers, des Regrattiers. Au voisinage du marché principal, on trouvait dans un local les étalons des poids et mesures aux fins de vérification. A proximité du marché, les tables des changeurs jugeaient de la qualité des monnaies en circulation. Leur activité était liée à celle de l'atelier monétaire, quand le seigneur avait le droit de battre monnaie. L'atelier avait souvent été inféodé à des familles, dans les cités lombardes et en Allemagne notamment.

L'organisation du marché dans certaines cités d'origine ancienne a amené le groupement des hommes de même profession dans un office, sous l'autorité d'un maître (*magister*), d'où le nom de *magisterium* ; ils avaient un monopole. Quand à leur fonction, elle était souvent héréditaire ; à défaut d'héritier, le défunt était remplacé par le seigneur urbain. Telle était la situation des vingt-trois pêcheurs de Worms, d'après une charte de 1106. Les sept sochiers de Metz, détenteurs du monopole de la vente des socs de charrue dans le diocèse, les taverniers de Chartres, chargés d'une redevance supplémentaire en 1147 par le comte, en sont d'autres exemples. Dans ces groupements, le maître fait payer des droits, exerce la police et éventuellement la justice du métier. Les taxes ont parfois été inféodées ; à Paris, par exemple, les officiers palatins, comme le chambrier ou le bouteiller, détiennent des droits sur des métiers. Dans les villes neuves, l'emprise royale ou seigneuriale s'est le plus souvent marquée assez fortement pour maintenir les gens de métier sous le contrôle de l'autorité publique qui se réservait la justice.

On s'est interrogé sur le rôle qu'ont pu jouer ces groupements, ghildes, métiers, dans l'émancipation urbaine. Pour les villes du continent, aucun élément n'autorise à leur en attribuer un comme tel, mais leurs membres, dans la mesure où ils étaient parmi les notables, les *majores urbis*, pouvaient avoir quelque influence sur les destinées d'une ville. En Angleterre cependant la ghilde comme telle eut un rôle important. A Cantorbéry la ghilde des bourgeois s'identifie à celle des marchands. Douvres a sa *ghildhall* dès 1066, et Londres la sienne au début du XII^e^ siècle. Le fait qu'en anglais le terme de *ghildhall* soit devenu synonyme d'hôtel de ville est significatif [14].

## 2. *La commune*

Parmi les institutions qui ont marqué la renaissance des villes au tournant du XI^e^ siècle, la commune est apparue comme la plus originale et la plus efficace, à telle enseigne que l'on parle de mouvement communal pour tout l'Occident et que le terme est devenu, assez tôt d'ailleurs, synonyme de municipalité autonome. Ch. Petit-Dutaillis avait rappelé en 1947 que la commune, au sens strict, était une association d'aide mutuelle, fondée sur le serment, en vue de maintenir la paix dans une ville. Elle n'avait connu qu'une diffusion limitée [15].

14. É. COORNAERT, « Les ghildes médiévales, définition, évolution », *Revue historique*, CXCIX, 1948, p. 22-25, 208-248 ; O. G. OEXLE, « Die mittelalterlichen Gilden. Ihre Selbstdeutung und ihr Beitrag zur Formung sozialer Strukturen », *Miscellanea mediaevalia*, 12. 1, *Soziale Ordnungen im Selbstverständnis des Mittelaters*, Berlin-New York, 1979, p. 203-226 ; ID., « Gilden als sozial Gruppen in der Karolingerzeit », in *Das Handwerk in vor- und frühgeschichtlicher Zeit* (Abhandlungen der Akademie der Wissenschaften in Göttingen, Phil. Hist. Klasse, 3. Folge, n° 122), Göttingen, 1981, p. 284-353.
15. Ch. PETIT-DUTAILLIS, *Les communes françaises. Caractères et évolution des origines au XVIII^e^ siècle*, Paris, 1947 ; A. VERMEESCH, *Essai sur les origines et la signification de la commune dans le Nord de la France (XI^e^ et XII^e^ s.)*, Heule (B.) 1966. – Sur le rapport avec la paix de Dieu : K. von WINTERFELD, « Gottesfrieden und deutsche Stadtverfassung », *Zeitschrift der Savigny-Stiftung für Rechtsgeschichte – Germ. Abt.*, LII, 1927, p. 8-56, et réponse aux critiques, *ibid.*, LIV, 1934, p. 238-240 ; D. KENNELLY, « Medieval towns and the Peace of God », *Mediaevalia et Humanistica*, XV, 1963, p. 35-53.

### a. Le mouvement de Paix et l'origine des communes

Pour révolutionnaire qu'elle semblât, la commune n'était cependant pas sans antécédents. Les termes qui la désignent, *communio*, *pax* se retrouvent associés avec ceux de *juramentum*, *sacramentum*, c'est-à-dire serment, pour caractériser les groupements d'hommes valides, formés en Aquitaine première durant le XIe siècle pour faire appliquer les décrets des conciles de paix contre les fauteurs de troubles. Dans le diocèse de Bourges, ce serment était exigé de tout jeune homme arrivant à l'âge de 15 ans. Ces communes, organisées par l'Église, n'entraient pas dans le mouvement d'affranchissement. C'est à tort que l'on a vu dans une telle formation, entrant en action au Mans en 1070, une manifestation communale.

En Italie, il est parfois demandé à l'assemblée générale d'une cité de prêter serment de fidélité au souverain, au prince ou à l'évêque, comme on en a des exemples pour les premières décennies du XIe siècle. Les conciles de paix français, dont les décisions avaient été communiquées aux prélats lombards, ont sans doute influencé la Pataria milanaise, un mouvement qui entendait imposer la réforme au clergé. Le diacre Arialde, initiateur de ce soulèvement, exigea de tous les Milanais un serment, *commune indicit laicis sacramentum*. En Aquitaine comme à Milan, le serment sanctionne un engagement pris en commun par tous, à l'initiative de l'Église et pour le bien public.

On discute sur le caractère de la conjuration des bourgeois de Cologne de 1074 ; mais celle de Cambrai, formée en 1076, est bien une commune jurée.

### b. Diffusion de l'institution communale

Parti, semble-t-il, à la fois d'Aquitaine et de Lotharingie, le mouvement d'entraide prit les formes les plus vigoureuses dans la province ecclésiastique de Reims, « pour la conservation de la paix ».

Dans le royaume, la commune la plus anciennement attestée est celle de Saint-Quentin, reconnue avant 1081 par le comte Herbert IV de Vermandois ; elle groupait, avec les bourgeois de la ville, les pairs du Vermandois et les clercs ; elle dépassait donc les limites du territoire urbain. A Beauvais, avant 1099, l'évêque avait promis de respecter la coutume de la commune. Vers 1108-1109, l'évêque de Noyon en avait institué une avec le consentement des clercs, des chevaliers et des bourgeois et demandé au roi de la confirmer. Le roi Louis VI lui-même établit une commune à Mantes, y associant les chevaliers de la ville.

A Laon, ce sont les clercs, archidiacres en tête, qui offrent aux bourgeois de fonder une commune, moyennant finances. Le roi la confirme, comme il approuve celle d'Amiens. D'autres exemples montrent qu'en cette première phase du mouvement, rois et évêques, clercs et seigneurs acceptent le mouvement communal, parfois pour des raisons intéressées.

Un changement d'attitude se dessine cependant dès la troisième décennie du siècle, sans doute à la suite des événements tragiques dont la commune de Laon a été l'occasion. En 1126, l'abbé de Saint-Riquier obtenait du roi une limitation des droits de la commune, instituée peu auparavant par le souverain. Peut-être l'influence de Suger déterminera-t-elle Louis VII à s'opposer à la diffusion du mouvement. Dès son avènement, le roi interdit les communes d'Orléans et de Poitiers ; il accepta celle de Reims en 1138 pour la casser en 1140. Celle de Sens, approuvée en 1146, fut supprimée en 1147. Les bourgeois de Vézelay, déjà soulevés contre l'abbé vers 1137-1138, durent renoncer en 1155 à la commune, formée en 1152. Les assurances, données aux évêques de Châlons-sur-Marne et d'Auxerre, de ne pas tolérer de commune dans leur cité, traduisent bien la volonté du roi de ne pas indisposer les prélats. Dans d'autres cas le souverain consentit à confirmer des chartes communales ou même à en donner une, comme à Senlis en 1170 ; mais dans ces cas la commune ne risquait pas de porter atteinte aux droits du roi ou des évêchés royaux. La politique réaliste de la royauté prenait ses distances à l'égard des clercs.

### c. Les adversaires du mouvement communal

A mesure que les incidents, survenus à Beauvais, Laon, Amiens et autres lieux, leur faisaient prendre conscience du dynamisme et de l'esprit de conquête des communes, rois et évêques adoptèrent une attitude plus réservée à l'égard des nouvelles institutions. Si la royauté eut à cet égard une politique différente selon qu'elle intéressait ou non les droits du souverain, les clercs marquèrent de plus en plus nettement leur hostilité à mesure que le développement des études juridiques leur suggérait des arguments.

Alors qu'Yves de Chartres, en 1099, reproche à la commune de Beauvais de violer les droits de l'évêque et des églises, l'archevêque de Reims, venu en 1114 réconcilier la cathédrale de Laon, profanée par le meurtre, juge les communes « exécrables parce que contraires au droit divin et humain ». Le mot connu de Guibert de Nogent marque bien le bouleversement introduit par la commune, « novum et pessimum nomen », c'est-à-dire « nouvelle et très condamnable acception du terme », détourné de son sens premier. La curie pontificale adoptera également un langage très sévère ; Lucius III, en 1184, condamne « la conjuration inique » des bourgeois de Châteauneuf-lès-Tours. C'est donc le pacte communal en lui-même qui est jugé contraire au droit ; pour la même raison, des conciles provinciaux du Languedoc et d'Aquitaine condamneront, autour de 1200-1210, les associations jurées et confréries formées dans les villes de consulat.

Sans minimiser les atteintes que les communes portaient aux droits des églises sur les personnes et les biens, l'attitude des clercs pouvait invoquer d'autres arguments. Pour eux le serment, et notamment celui des communes diocésaines du XIe siècle, était un acte religieux. Or, l'engagement communal du bourgeois était pris devant ses pairs ; il avait donc un caractère clandestin comme ces serments des confréries, condamnés par les conciles. La commune était donc profane, comme le notait un chroniqueur de Cambrai.

De plus, la commune, en créant un tribunal nouveau, est amenée à définir, d'abord dans ses statuts, puis par la pratique, un droit nouveau. Elle tend à empiéter par le fait sur les justices établies, qu'elles soient laïques ou ecclésiastiques [16].

On pourrait s'étonner, devant ces oppositions juridiquement motivées, que la royauté française ait finalement confirmé, parfois même étendu, les privilèges des communes à la fin du XIIe et au début du XIIIe siècle.

Les services financiers et militaires que les communes rendaient au roi n'étaient pas négligeables. De plus, les souverains avaient sauvegardé leurs droits essentiels. Dès la fin du XIIe siècle, il est admis qu'il ne peut y avoir de commune sans l'accord du roi. De plus, la haute justice échappa souvent aux communes pour rester aux officiers royaux, le prévôt, le bailli ou le sénéchal.

---

16. Ce qui apparaît, par exemple, dans la thèse de J.-M. CARBASSE, *Consulats méridionaux et justice criminelle*, Montpellier (dact.).

Déjà la royauté esquisse une politique visant, moyennant quelques concessions, à faire des communes, comme des autres villes, des relais d'une administration qui tend à englober tout l'espace français.

Le libellé du sujet proposé, l'origine des communes, a centré ces quelques réflexions sur des villes de la province ecclésiastique de Reims, où effectivement cette institution a pris forme d'abord. Cependant la commune n'est pas le seul type d'association jurée, ayant pesé sur les destinées d'une ville ; avec ou sans le lien du serment, toute société confie ses destinées à un groupe restreint de personnes qui peut tendre vers l'oligarchie. C'est l'étude de ces groupes de notables, pour employer un terme anachronique, qui donne la clef du mouvement urbain.

Pour important qu'il soit, l'exemple français ne doit pas détourner l'attention des vagues successives d'urbanisation qui gagnent l'Occident d'abord, puis les pays de l'Est et jusqu'à l'Asie. Réveil de cités anciennes repliées sur elles-mêmes au cours des siècles difficiles, villes neuves fondées dans l'élan de la croissance, les unes et les autres auront des rapports d'un type nouveau tant avec les détenteurs du pouvoir qu'avec les campagnes voisines. On ne saurait en effet oublier les ruraux qui représentent toujours la grande majorité de la population. Leurs franchises sont souvent plus amples que celles des villes. Mais les citadins, dans un monde en expansion, tiennent la clef des échanges, source de richesse. Par-delà les statuts juridiques, c'est la plus ou moins grande dépendance économique qui tend à stratifier une société dont clercs et juristes veulent définir le rôle à la lumière de la tradition.

## Conclusion

Ce trop rapide aperçu ne dépasse pas le XIIe siècle, sinon sur quelques points de détail. La raison en est que tous les éléments caractéristiques des chartes de franchises et de communes sont définis avant le milieu de ce siècle. Certains statuts, codifiés ou non, servent de modèle ou de référence, telles les coutumes de Toulouse et de Montpellier, celles-ci invoquée à Jaca, les « lois » de Lorris, Prisches et Beaumont-en-Argonne, dont les zones de diffusion se succèdent de la Loire au Rhin, sans oublier les quelques 500 localités de l'Est européen qui adopteront, plus ou moins directement, le droit de Magdebourg. A la période d'innovation et de définition succède celle de l'imitation. L'apparition des premiers sceaux urbains vers 1148-1150 (Rome, Trèves, Cologne, Mayence) est caractéristique de cette étape du mouvement.

D'ailleurs, le mouvement d'affranchissement semble s'essouffler en Italie et en France. Les cités lombardes, empêtrées dans leurs dissensions, triompheront de Barberousse, mais auront recours, pour sauver leur autonomie, à des podestats. Les interventions de Louis VII contre les tentatives de commune (Poitiers, Orléans, Châlons, Reims), la législation de Roncaglia, les condamnations portées par les canonistes et la curie pontificale contre les associations jurées s'enchaînent en une succession significative. Les juristes, plus nombreux et plus savants, plus sensibles à la technicité de leur discipline qu'à l'esprit de la législation antique, y ont puisé des principes favorables.

Généralement satisfaits des franchises obtenues pour leur personne et leur bien, les bourgeois ne tiennent pas tous ni toujours à assumer l'ensemble des responsabilités politiques et administratives dans leur ville. Ces réticences sont sensibles en France et en Espagne, mais aussi dans les cités italiennes évoluant vers le principat. Il semblerait que le mouvement tende vers un certain équilibre ; les récits des « révoltes communales », dont les motivations sont diverses, ne peuvent faire oublier que la majorité des villes et des communautés rurales se sont accommodées d'une limitation de leur autonomie ; l'attachement manifesté à l'égard du prince en est un témoignage. A Montpellier en 1204, les consuls, cierge allumé en main, priaient devant la chambre nuptiale pour que du mariage de Pierre II d'Aragon et de Marie de Montpellier naisse l'héritier qui assurerait le maintien de leurs libertés. Car, proclament-ils dans les statuts de cette même année, « le seigneur de Montpellier et ses ancêtres ont aimé leurs hommes, ils les ont protégés et sauvés dans la mesure du possible... et si les hommes de Montpellier ont prospéré dans leurs biens et leur honneur... le seigneur s'en est réjoui et les a aidés à prospérer » [17]. Même s'il faut, dans ce propos, faire la part de la chaleur méridionale, il reste que cette ville de riches marchands,

17. *Liber instrumentorum memorabilium. Cartulaires des Guillems de Montpellier*, A. Germain et C. Chabaneau éd., Montpellier, 1884-1886, p. 401.

de juristes savants et de médecins renommés, avait obtenu de larges libertés sans recourir à la violence. C'était le cas pour la plupart des villes de la France méridionale.

L'Europe a donc connu, s'échelonnant sur plus de deux siècles, la multiplication des châteaux tendant à encadrer les hommes en de nouveaux ressorts, la prolifération des pouvoirs seigneuriaux de plus ou moins grande étendue, la systématisation des rapports féodo-vassaliques en des monarchies féodales, en un prodigieux effort de structuration, accompagné de l'octroi de libertés, c'est-à-dire de statuts pour les hommes et les terres. La société avait trouvé un équilibre.

***

Les origines des franchises et des institutions urbaines sont donc connues dans leurs grandes lignes. Mais il reste encore du travail pour les historiens.

Bien des textes sont encore à éditer ou à rééditer. L'examen critique de documents souvent utilisés, comme les *Usages de Barcelone* ou la charte de fondation de Fribourg-en-Brisgau, a renouvelé nos connaissances [18]. Une édition critique, conduite avec les moyens de la recherche actuelle, réserverait sans doute des surprises à ceux qui s'intéresseraient aux diplômes des derniers Carolingiens français ou à ceux des Ottons. Lexicographes et linguistes peuvent fournir à l'historien les moyens d'une recherche plus affinée.

L'archéologie permet de saisir le travail de ces temps obscurs, qu'il s'agisse de l'étude des terroirs ou de celle des établissements humains. Les données sur le peuplement et l'habitat, sur l'anthropologie et le mode de vie, sont pour l'historien des facteurs qu'il ne peut ignorer [19].

---

18. J. BASTARDAS, *Usatges de Barcelona. El codi a mitjan segle XI. Establiment del text llatii, edició de la versió catalana del manuscrit del segle XII de l'Arxiu de la Corona d'Arago de Barcelona* (Textos e documentos, 6), Barcelone, 1984, 183 p. Voir P. BONNASSIE, *op. cit.* (n. 1), t. II, p. 711-728 ; W. SCHLESINGER, « Das älteste Freiburger Stadtrecht. Ueberlieferung und Inhalt », mit einem Anhang von W. HEINEMEYER, « Der Freiburger Stadtrodel. Eine paläographische Betrachtung », *Zeitschrift der Savigny-Stiftung für Rechtsgeschichte – Germ. Abt.*, LXXXIII, 1966, p. 63-126.

19. Les recherches archéologiques, effectuées tant en ville qu'à la campagne, ont pris un développement prodigieux ; l'étude et l'interprétation des trouvailles

La coopération entre disciplines peut éclairer les zones d'ombre qui apparaissent, lorsqu'on découvre sur les façades de prestigieuses synthèses « les fausses fenêtres pour la symétrie ».

---

bénéficient des méthodes d'investigation mises au point pour les sciences physiques et biologiques. Des phases insoupçonnées du passé ont été révélées et des siècles de la Préhistoire sont entrés dans la Protohistoire. Pour les villes, des vues d'ensemble sont données par E. A. Gutkind, *International history of city development*, 7 vol., Londres, 1964-1972, et surtout M. W. Barley éd., *European towns. Their archaeology and early history*, Londres-New York, 1977.

L'Académie de Stockholm a publié, dans la série de l'*Antikvarist Arkiv*, des volumes intitulés *Early Medieval Studies* (n^os^ 38, 39, 40, 46, 50, 53, 54, 57, parus de 1970 à 1974). Dans cette même série (n° 66), Th. Hall, *Mittelalterliche Stadtgrundrisse*, 1978, étudie les plans de villes de France et d'Allemagne et donne, p. 146-154, une copieuse bibliographie. Dans les vol. de *Vor- und Frühgeschichte*, cités n. 1, figurent des études sur des villes scandinaves.

En France une mise au point a été faite pour les campagnes par un historien et un archéologue : J. Chapelot, R. Fossier, *Le village et la maison au Moyen Âge*, Paris, 1980. Pour les villes, le congrès international d'archéologie urbaine, tenu à Tours, du 17 au 20 novembre 1980, a donné lieu à d'intéressantes publications : *Rapports préliminaires*, 529 p., 121 plans dans le texte, 1 plan h.-t. Les principaux périodiques sont *Archéologie médiévale*, *Medieval Archaeology*, *Zeitschrift für Archaeologie des Mittelalters*.

# VINCENT DE BEAUVAIS A L'ÉPREUVE DES SIÈCLES

(in Lector et compilator. *Vincent de Beauvais, frère prêcheur, un intellectuel et son milieu au XIIIe siècle*, S. Lusignan et M. Paulmier-Foucart dir., Rencontres à Royaumont, 1997, p. 21-46)

A l'âge où, la maturité venue, l'ancien étudiant de la jeune Université de Paris [1], entré chez les frères prêcheurs, cherche sa voie dans l'éventail des activités possibles, un projet est proposé à ce religieux par ses supérieurs. Conscients du prodigieux développement atteint alors dans tous les domaines du savoir, ils entendent faire le point et opérer un choix. Aux écoles se dessinait déjà la mutation étonnante de la recherche, de l'organisation et de la présentation d'un savoir de plus en plus spécialisé. En attendant que ce bouillonnement d'idées puisse être maîtrisé en synthèse, il importait d'assurer aux clercs, aux moines, aux laïcs soucieux de culture, une vue d'ensemble du savoir tant sacré que profane, dans la perspective du salut de l'humanité. Conçu vers 1230-1235, ce miroir du savoir entendait refléter la tradition chrétienne, avec une attention particulière pour le XIIe siècle qui « possède en propre une élégance, une grâce, une aisance dans l'acceptation de la vie, dont l'époque suivante, plus pédante et plus formelle, n'a pas maintenu la tradition » [2]. Se rattachant à cette tradition augustinienne, Vincent entend promouvoir la foi, les mœurs, la charité, mais aussi contri-

1. Il eut sans doute Guillaume d'Auvergne et Guiard de Laon parmi ses maîtres : voir la communication de Monique Paulmier-Foucart dans le volume dont est extrait le présent article.
2. É. Gilson, *La philosophie au Moyen Âge*. I, *Des origines patristiques à la fin du XIIe siècle*, Paris, 1976, p. 339.

buer à l'explication spirituelle de l'Écriture, et même manifester la vérité dans son sens premier comme dans sa signification « mystique » [3]. Conçue et réalisée dans ces perspectives, l'œuvre de Vincent, fruit d'un labeur obstiné, est présenté comme un Miroir de l'univers où l'homme peut trouver une voie de perfection. C'est ce qui fait la grandeur de l'œuvre, mais la mettra en question quand changera l'image de l'univers et de l'homme.

## I. Un miroir de chrétienté

Les ouvrages de Vincent furent connus assez rapidement. Vers 1270-1275 le *Speculum maius* était utilisé en Espagne pour la confection d'un recueil hagiographique. De la même époque date un dictionnaire d'auteurs dont les notices sont empruntées au *Speculum* [4]. A cette génération un moine d'une abbaye de Brabant avait appris que Vincent, homme d'intelligence et de labeur, avait composé un *Triplex speculum* dont la partie historique était présentée selon les données séculières et menée jusqu'à son époque [5]. Vincent de Beauvais a désormais sa place dans l'histoire littéraire qui d'âge en âge rappellera le titre de ses ouvrages et rendra hommage au laborieux auteur.

Livre de vie, l'œuvre de Vincent reste un guide pour des générations, leur permettant de situer les divers ordres de réalité

3. *Libellus apologeticus*, c. 1, cf. l'édition de S. Lusignan, *Préface au* Speculum maius *de Vincent de Beauvais : réfraction et diffraction* (Cahiers d'Études médiévales, 5), Montréal, 1979, p. 115 : « ...ad fidei nostre dogmatis astructionem, vel ad morum instructionem sive ad excitandam caritatis devotionem, aut ad divinarum scripturarum mysticam expositionem, vel etiam ad ipsius veritatis manifestam aut symbolicam declarationem. »

4. Le recueil espagnol est connu par le ms. Escorial 771. Le dictionnaire a été signalé par A. Vernet, « Une *annotatio brevis quorumdam doctorum* extraite du *Speculum historiale* de Vincent de Beauvais », dans Scire litteras. *Forschungen zum mittelalterlichen Geistesleben*, S. Kramer et M. Bernhard éd., Munich, 1988, p. 383-392.

5. Dans une liste d'auteurs, jadis attribuée à Henri de Gand, publiée par N. Häring, « Der Literatur Katalog von Affligem », *Revue bénédictine*, LXXX, 1970, p. 64-96, sur Vincent p. 90.

dans les perspectives de la tradition chrétienne. Fondée sur des autorités reconnues, cette image d'une société sûre de ses repères peut présenter un ancrage solide aux générations perturbées par les difficultés économiques, les guerres, et le choc d'idées nouvelles que connaît l'automne du Moyen Âge. Par-delà les clivages que scolastique et mystique dessinent dans les esprits, les livres de Vincent incitent à la méditation plutôt qu'à la discussion. Aussi sont-ils particulièrement représentés dans les bibliothèques bénédictines et cisterciennes. Pour les moines et les fidèles cultivés, la langue de ces ouvrages reste aussi vivante que celle de la liturgie qui rythme le temps des hommes et nourrit leur esprit.

Livre vivant, le *Speculum maius* le reste, et plus particulièrement l'*Historiale* dont la large diffusion fut « un grand succès de l'édition médiévale » [6]. Pour en faciliter l'accès, une table, remarquable par la finesse de ses notices et la précision des renvois, est composée par Jean Hautfuney vers 1320. Le traitement différencié des chapitres de l'ouvrage oriente le lecteur vers les données morales et spirituelles dont les florilèges d'auteurs antiques et patristiques offrent un choix [7].

L'ouverture vers le monde des laïcs, voulue par l'auteur, ne pouvait se limiter aux personnes sachant le latin. Dès 1283 le poète flamand Jacob van Maerlant commençait à traduire en vers moyen-néerlandais des parties du *Speculum historiale* auquel il empruntait titre et divisions chronologiques ; son œuvre inachevée fut complétée et l'histoire menée jusqu'en 1316 [8]. Si Vincent de Beauvais fournit la trame de l'ouvrage et une grande partie de la matière, les

6. M.-C. Duchenne, G. G. Guzman, J. B. Voorbij, « Une liste des manuscrits du *Speculum historiale* de Vincent de Beauvais », *Scriptorium*, XLI, 1987, p. 286-294.

7. M. Paulmier-Foucart, « Présentation et édition de la *Tabula super Speculum historiale fratris Vincentii* », dans *Spicae. – Cahiers de l'Atelier Vincent de Beauvais*, II, 1980, p. 19-203 ; III, 1981, p. 7-208.

8. J. A. A. S. Biemans, « La tradition manuscrite du *Spiegel historiael* de Jacob van Maerlant. Étude de la réception et archéologie du livre », in *Vincent de Beauvais. Intentions et réceptions d'une œuvre encyclopédique au Moyen Âge*, Actes du XIV^e^ colloque de l'Institut d'Études médiévales, Montréal, avril 1988, Saint-Laurent-Paris, 1990, p. 375-389. Ces Actes seront cités dorénavant sous l'abréviation *Colloque Montréal*.

auteurs ont cependant eu recours à d'autres sources, notamment pour étoffer l'histoire de leur pays.

En revanche c'est la totalité de l'*Historiale* qui est fidèlement traduite en langue d'oïl par Jean de Vignay, vers 1328, et revue vers 1332 pour être offerte à Jeanne de Bourgogne, reine de France et petite-fille de saint Louis, à l'intention de ses enfants, notamment du futur roi Jean II le Bon. Cette traduction répond bien à l'inspiration curiale de l'ouvrage dont saint Louis est considéré comme le commanditaire. Magnifiquement enluminés, ces livres-joyaux seront recopiés à l'intention de princes et de seigneurs jusqu'à la fin du XVe siècle [9].

Difficilement accessible dans ces exemplaires de luxe et même dans les volumes de présentation plus modeste, l'imposant ouvrage de Vincent est mis à la portée d'un public plus large par des chroniques s'inspirant de l'*Historiale*, et par des abrégés et résumés. Vincent lui-même avait voulu répondre à ce besoin, en diffusant le *Memoriale temporum*, qui n'eut cependant pas de succès [10]. Les générations suivantes disposeront d'autres voies d'accès, depuis les abrégés d'Adam de Clermont, œuvrant vers 1268-1271, en passant par les adaptations, faites pour la Cour de France, jusqu'à ce traducteur inconnu de la fin du XVe siècle dont le travail intéressait un patricien de Metz [11].

Il resterait à voir l'impact qu'ont pu avoir les ouvrages de Vincent sur la chronographie et la littérature de ces siècles, ce qui exigerait une vaste enquête. Du moins peut-on relever quelques

9. Liste des manuscrits donnée (p. 363-364) par Cl. CHAVANNES-MAZEL, « Problems in Translation, Transcription and Iconography : The *Miroir Historial*, Books 1-8 », in *Colloque Montréal*, p. 345-364.

10. M. PAULMIER-FOUCART, « Histoire ecclésiastique et histoire universelle : le *Memoriale temporum* », in *Colloque Montréal*, p. 87-109.

11. A. NADEAU, « Deux abrégés du *Speculum historiale* par Adam de Clermont : les *Flores historiarum* et le *Speculum gestorum mundi* », in *Colloque Montréal*, p. 412-437 ; A. SURPRENANT, « "Unes petites chroniques abrégées sur Vincent" : nouvelle analyse du manuel dit "de Philippe VI de Valois" », *ibid.*, p. 439-466 ; K. DALY, « The *Mirouer Historial Abregie de France* : Historical Culture ans Politics at the Court of Charles VII », *ibid.*, p. 467-494. Sur une traduction partielle, conservée dans un manuscrit messin, voir S. LUSIGNAN, « En passant par la Lorraine. Une traduction partielle et anonyme du *Speculum historiale* de Vincent de Beauvais », in *Le Nombre du Temps. En hommage à Paul Zumthor*, Paris, 1988, p. 153-163.

indices de cette influence, par exemple sur Geoffroy Chaucer [12], sur Christine de Pisan [13] et même sur les humanistes italiens de l'époque [14].

L'œuvre de Vincent, l'*Historiale* notamment, semble donc bien vivante encore. Les catalogues d'auteurs ne manquent pas de le mentionner, notamment ceux de l'ordre dominicain parmi lesquels la notice de Louis de Valladolid, du début du XVe siècle, est particulièrement chaleureuse [15].

Il n'est donc pas surprenant qu'en hommes d'affaires avisés, attentifs aux besoins du public, les premiers imprimeurs aient édité toutes les œuvres attribuées à Vincent ; celles-ci connurent alors une diffusion plus large encore que celle des manuscrits ; on continuait d'ailleurs à en recopier. Au début du XVIe siècle, le renom de Vincent ne semble pas contesté. Vers 1500, Trithème, abbé bénédictin, célèbre en lui « l'auteur d'un admirable et grand ouvrage, un homme qui depuis lors n'a pas trouvé d'égal » [16]. En 1501, sur commande des dominicains de Francfort-sur-le-Main, le peintre Hans Holbein l'Ancien, représentant les gloires de l'ordre, y place Vincent, entre deux frères canonisés, avec la mention : VINCENTIUS

12. R. AIKEN, « Vincent of Beauvais and Dame Pertelote's Knowledge of medecine », *Speculum*, X, 1935, p. 281-287 ; ID., « Vincent of Beauvais and Chaucer's Monk's Tale », *ibid.*, XVII, 1942, p. 56-58.

13. Christine de Pisan recommande la lecture de Vincent à son fils : Les enseignements moraux, M. Roy éd., *Œuvres poétiques de Christine de Pisan*, III, Paris, 1896, p. 31 str. LXXVIII. Les ouvrages de Vincent sont largement utilisés dans *Le livre des trois vertus de Christine de Pisan*, M. Laigle éd. (Bibliothèque du XVe siècle, 16), Paris, 1912, p. 74-103. Sur ce sujet, voir A. L. GABRIEL, « The Educational Ideas of Christine de Pisan », *Journal of the History of Ideas*, XVI, 1955, p. 10.

14. G. BILLANOVICH, M. PRANDI, C. SCARPATI, « Lo *Speculum* di Vincenzo di Beauvais e la letteratura italiana dell'età gotica », *Italia medioevale e umanistica*, XIX, 1976, p. 89-170.

15. H. Ch. SCHEEBEN, « Die Tabulae Ludwigs von Valladolid im Chor der Predigerbrüder von St Jakob in Paris », *Archivum Fratrum praedicatorum*, I, 1930, p. 223-263 ; le passage sur Vincent, p. 252-253, n. 5 : « Sanctus pater frater Vincentius Belvacensis, nationis Francie, in vita et doctrina in toto orbe famosissimus, scripsit quatuor admiranda volumina... » Voir l'article de Gregory Guzman dans le volume Lector et compilator.

16. Johannes TRITHEMIUS, *Opera historica*, Francfort, 1601, p. 289-290, éloge souvent cité par les critiques des siècles suivants.

BELVACENSIS SPECULATOR OMNIS MATERIE SCIBILIS [17]. On peut cependant se demander si ce renom répond bien au projet de l'auteur. Le terme de *speculator*, déjà employé vers 1480 par un chartreux, insiste sur le caractère encyclopédique de son œuvre [18].

Quant à la popularité de l'*Historiale*, elle relève peut-être d'un goût pour les histoires plutôt que de l'intelligence des perspectives spirituelles dans lesquelles l'auteur avait œuvré. Cet *Historiale* est d'ailleurs contesté, ainsi que d'autres auteurs, par le milanais Tristan Calchi qui en soulignait les contradictions [19]. En fait, déjà se dessinent les mutations qui vont déchirer la chrétienté et bouleverser l'image traditionnelle de l'homme et de l'univers.

## II. Vincent de Beauvais dans la Modernité. De l'Humanisme aux Lumières (XVIe-XVIIIe s.)

Toujours estimés et plus largement diffusés, les ouvrages de Vincent semblent cependant pouvoir répondre à la soif de réforme et de rénovation spirituelle qui a grandi au cours du XVe siècle. Mais « cet automne du Moyen Âge » est déjà engagé dans des voies autres que celles familières à Vincent [20]. La redécouverte de l'Antiquité classique dont l'imprimerie diffuse les œuvres dans leur texte, et non plus seulement en florilèges, est pour des générations une fontaine de jouvence. La vision morale du monde s'estompe : on passe d'une histoire prophétique à une histoire rationnelle. L'Église tardant à prendre la voie des réformes, de nombreux fidèles s'en

17. Illustration de couverture du volume dont est extrait le présent article.
18. Liste, composée vers 1485, par un chartreux anonyme du Val-Dieu, éditée par E. Martène et U. Durand, *Amplissima Collectio*, t.VI, Paris, 1721, c. 70 : « Vincentius speculator qui omnem scibilem collegit scientiam studiosis perutilem. »
19. Tristan CALCHI, *Mediolanensis historiae patriae libri XX*, Milan, 1628, p. 110-111, cite ces auteurs qui « inanibus verbis et interim stultitiis non mediocribus ingenta volumina replerunt ». A noter que pour corriger les chroniqueurs, l'auteur se réfère aux diplômes royaux.
20. Cette période est étudiée dans le volume intitulé *De la Réforme à la Réformation (1450-1530)* (Histoire du Christianisme des origines à nos jours, t.VII), 1994, publié sous la direction de Marc Venard.

éloignent, soit pour assurer ailleurs leur salut, soit pour verser dans l'incroyance. Les Grandes Découvertes et leurs conséquences économiques contribuent à exaspérer l'antagonisme des puissances qui n'échappent pas à la tentation de donner à leurs conflits des motivations religieuses. L'allure dramatique que va prendre cette évolution de la pensée et de la politique ne doit pas masquer la lenteur dans le changement des mentalités. Vincent de Beauvais ne tombe pas dans l'oubli, le *Speculum historiale*, plus que ses autres écrits, reste un ouvrage de référence [21].

## 1. *Entre Humanisme et Réforme*

Selon Vincent, les destinées du peuple de Dieu, en marche vers l'éternité, échappent à la seule raison ; les humanistes ramènent l'histoire au plan humain ; ils y voient comme Cicéron une « magistra vitae », c'est-à-dire qu'ils y cherchent des leçons de morale et de politique. Le comportement des hommes est expliqué rationnellement, en faisant référence au tempérament individuel, à la formation reçue, aux buts poursuivis, compte tenu de l'environnement. L'exemplarité des cas leur paraît évidente, en raison de la permanence et de l'universalité des traits fondamentaux de la nature humaine. Ces idées imprègnent les nombreux traités sur l'instruction et l'éducation de la jeunesse, et les « institutions du prince », où se révèle un esprit différent de celui de Vincent dans ses œuvres similaires [22].

Pour cerner l'attitude des humanistes à l'égard de Vincent de Beauvais, il faudrait une enquête sur près de deux siècles. A défaut

---

21. Le *Speculum historiale* est imprimé, avec le *Naturale* et le *Doctrinale*, à Strasbourg par A. Rusch entre 1473 et 1478 ; le *Speculum maius* en quatre parties (incluant le *Morale*) est imprimé par A. Koberger à Nuremberg en 1483-1486, puis à Venise par H. Liechtenstein en 1493-1494 et par D. Nicolini en 1590-1591. Le succès particulier du *Speculum historiale* est marqué par l'édition de Jean Mentelin à Strasbourg en 1473, l'édition d'Augsbourg (abbaye Saints Ulrich et Afra) en 1474. La traduction de Jean du Vignay, le *Miroir historial* est imprimée à Paris par Antoine Vérard dès 1495-1496, puis par Nicolas Couteau en 1531. La dernière édition du *Speculum maius* est celle de Douai, 1624, reprint Graz, 1965.

22. R. LANDFESTER, Historia magistra vitae. *Untersuchungen zur humanistischen Geschichtstheorie des 14. bis 16. Jahrhunderts* (Travaux d'Humanisme et Renaissance, CXXIII), Genève, 1972.

d'une telle recherche, il sera permis de noter que les bibliographes anciens et modernes ne mentionnent que peu de références faites dans des œuvres littéraires d'humanistes au savant frère prêcheur. Jean Reuchlin, dans une lettre à Érasme, lui dit son souhait de recevoir de lui une lettre même longue, laquelle lui ferait plus plaisir « que tout le Miroir de Vincent, ou qu'un volume plus grand encore, s'il en existe » [23]. Quant à Érasme lui-même, il laisse percer dans l'*Éloge de la folie* sa mésestime de l'*Historiale* et des méthodes traditionnelles d'interprétation de l'Écriture [24].

Il reste que le caractère encyclopédique du *Speculum maius* impressionne les érudits de ce siècle comme les philologues du siècle suivant ; laborieux eux-mêmes, ils apprécient le mérite de Vincent qui travaillait sur manuscrits et sans le secours des méthodes critiques que les humanistes découvraient. L'un des savants les plus renommés de la première moitié du siècle, Conrad Gesner (1516-1565) lui fait une place dans sa bibliographie [25]. A la génération suivante J. J. Scaliger (1540-1609) signale que l'on trouve dans Vincent beaucoup de choses, introuvables ailleurs ; il connaît les éditions du *Speculum* et signale que la première est meilleure que celle de Venise, où manquent de nombreux passages [26]. Grâce à ces deux savants qui ne pouvaient être soupçonnés de partialité en faveur de ce religieux, Vincent figurera dans les bio-bibliographies nombreuses des siècles suivants.

C'est des hommes engagés dans la Réforme de l'Église que viennent les critiques les plus virulentes. La première des *Centuries* de Magdebourg était déjà publiée, lorsque paraissent à Sala-

---

23. Correspondance d'Érasme, trad. M. A. Nauwelaerts, t. II, Bruxelles, 1975, p. 346, lettre datée de 1516.

24. « Hic mihi stultam aliquam et indoctam fabulam ex Speculo, opinor, Historiali aut Gestis Romanorum in medium adferunt et eandem interpretantur allegorice, tropologice et anagogice », *Moriae Enconium id est Stultitiae Laus*, Cl. H. Miller éd. (Opera omnia Desiderii Erasmi, t. III, Amsterdam-Oxford, 1979), p. 766.

25. C. Gesner, *Bibliotheca universalis sive Catalogus omnium scriptorum locupletus....* Zurich, 1545, puise dans des catalogues antérieurs et signale que le *Speculum historiale* est mené jusqu'à des dates différentes selon manuscrits et éditions. L'œuvre de C. Gesner a été abrégée, remaniée, complétée. Voir *Bibliotheca instituta et collecta primo a Conrado Gesnero, deinde in Epitome redacta...*, Zurich, 1583, passage sur Vincent p. 816.

26. *Scaligerana*, Cologne, 1667, p. 264.

manque les *Locorum theologicorum libri XII* du dominicain Melchior Cano († en 1560). En des pages remarquables sur les rapports de la théologie et de l'histoire, Cano est amené à dénoncer la profusion de récits de miracles et les histoires puériles relatives à la mère du Christ. Englobant dans la même critique Vincent et saint Antonin de Florence, il condamne les manières anciennes : « Ces hommes bons et le moins du monde fallacieux, qui n'ont pas examiné avec diligence les auteurs dont ils tiraient leurs livres, ni transmis à la mémoire des faits pesés aux justes critères, n'ont aucune autorité aux yeux des critiques sérieux et sévères. » Pour être approuvé par la théologie, l'historien « ne doit pas tenir compte des fables de vieille femme ni mettre par écrit les choses lues ou entendues, avant de les avoir examinées et fondées avec prudence et circonspection » [27].

Plus dur encore le jugement de Philippe Marnix de Sainte-Aldegonde († en 1598) : « Il appert par expérience que ce n'est pas mal fait de proposer au peuple certaines sornettes comme de diverses reliques des plumes de l'Ange Gabriel, de la lance de saint Michel dont il renversa le dragon par terre et de l'haleine de bœuf et de l'asne qui reschaufferent nostre Seigneur, lorsqu'il estoit encore en la crèche, et du souffle du saint Esprit serré en une belle petite phiole... et autres semblables plaisans comptes de la cicogne, dont les bons livres catholiques, comme *Gestas Romanorum*, *Vitas Patrum*, *Speculum historiale*, les histoires de Lipomanus et les légendes dorées sont farcies comme un chien de pulces. » [28]

Ces critiques rendaient urgentes la nécessité de réviser les chronographes et hagiographes, sources de l'histoire ecclésiastique. De grandes entreprises savantes débutant en 1588 avec le premier volume des *Annales ecclesiastici* de Baronius et poursuivies au siècle suivant par d'autres initiatives, entendent répondre à ces besoins. Révisions de l'histoire et publications critiques de textes ne pouvaient ni se fonder sur l'œuvre de Vincent de Beauvais, ni la cautionner elle-même. D'ailleurs bien des esprits ne se souciaient plus alors de retrouver une tradition chrétienne

27. Éd. de Cologne, 1585, t. II, f° 337v° – la première édition, Salamanque, 1563, a été reproduite dans *Opera*, Paris, 1704 ; passage visé p. 447.

28. *Tableau des différens de la religion*, Leyde, 1605, t. II, p. 311 ; passage cité par M. PAULMIER-FOUCART, S. LUSIGNAN, « Vincent de Beauvais et l'histoire du *Speculum maius* », *Journal des Savants*, 1990, p. 124.

authentique. Le *Speculum maius* n'était plus reconnu comme autorité [29].

## 2. *Dans l'émergence de l'érudition philologique et critique*

Parallèlement à la révision des sources de son histoire, l'Église tridentine avait multiplié les éditions et rééditions. Le *Speculum maius* est réimprimé à Venise en 1594, à Douai en 1624. Mais ces éditions, si utiles aux chercheurs actuels, ne répondaient plus aux besoins savants de l'époque.

1624. – L'année précédente le père Marin Mersenne avait publié ses *Quaestiones celeberrimae in Genesim*. L'œuvre, comme le dit la préface, vise les athées, les mages, les déistes, auxquels il joindra ailleurs les pyrrhoniens et les sceptiques. L'auteur entend aussi convaincre des théologiens qui ne jurent que par Aristote et refusent les expériences et les observations de phénomènes, faites par Campanella, Kepler, Galilée et autres savants. Cette préface montre combien la société a évolué. Le christianisme est mis en question dans ses assises mêmes. Une nouvelle science sonne le glas de l'humanisme médiéval.

Dans ce climat nouveau, l'œuvre de Vincent de Beauvais perd ses lecteurs et sa crédibilité ; elle survit cependant car l'érudit doit au moins connaître son existence. Des générations d'intellectuels lui dénient l'autorité dont elle jouissait jadis, mais, laborieux eux-mêmes, ils ne peuvent se défendre de quelque admiration pour la performance de ce religieux. Les savants bibliographes d'Allemagne, des Pays-Bas, d'Angleterre ne manquent donc pas de mentionner Vincent de Beauvais. L'un des plus renommés, G. J. Vossius (1577-1649) cite la notice attribuée à Henri de Gand et se réfère entre autres à C. Gesner et aux problèmes chronologiques soulevés par la fin du *Speculum historiale* [30]. J. A. Quenstedt (1617-1688) cite, non

29. Dans sa *Prosopographie ou description des personnes illustres*, Paris, 1605, t. III, p. 2040, Antoine Du Verdier donne à peine deux lignes à Vincent de Beauvais, sur quelque 5000 pages.

30. *De historicis latinis libri tres*, 1re édition, Leyde, 1627, réédité à Amsterdam, 1697, et incorporé avec sa pagination propre dans *Ars historica*, Amsterdam, 1699, avec d'autres ouvrages. Sur Vincent de Beauvais : lib. II, cap. LIX, p. 149-150 de l'éd. d'Amsterdam.

sans ironie, « ce moine qui s'est fait une renommée au long et au large, grâce à ce gros et laborieux ouvrage du *Speculum quadruplex* » [31]. Chez D. G. Morhof (1639-1691) le ton devient plus critique, voire acide. Pour lui l'*Historiale* n'est pas grandement fiable. « On connaît, en effet, dit-il, la manière des moines dans ce genre de travail... Cependant il arrive que l'on trouve un peu d'or dans ce fumier... Ce labeur a tout de même été utile à ceux qui par la suite ont publié des livres de ce genre. » [32] William Cave, chanoine de Windsor, signale simplement « cet ouvrage énorme et prolixe » [33].

Du côté des clercs et religieux engagés dans les recherches et l'édition des sources chrétiennes, Vincent de Beauvais ne semble pas plus apprécié. Les bollandistes et les mauristes ne se réfèrent guère à lui. Les dominicains continuent à lui assurer une place honorable dans l'histoire littéraire de leur ordre. Les jésuites ne l'ignorent pas. Si Antonio Possevino, qui suit Sixte de Sienne, ne mentionne que le *Naturale* [34], l'œuvre de Vincent semble mieux connue du cardinal R. Bellarmin (1542-1621) qui ne lui reconnaît pas la paternité du *Speculum morale* [35], suivi, sur ce point, par Philippe Labbé, pour qui l'éloge de Vincent par Trithème est exagéré [36]. Le ton devient plus vif avec le Père L. E. Dupin (1657-1729) pour qui le *Speculum maius* « fait plus connaître le travail et l'assiduité de l'auteur que son bon goût et son discernement » [37]. L'hagiographe prolixe Adrien Baillet observe avec justesse que l'*Historiale* tient plus du légendier que de la chronique et s'est largement servi d'Hélinand de Froidmont. Pour Baillet, « ce que Vincent a pris de lui n'est pas fort exact ; ce que saint Antonin de Florence a pris de Vincent l'est encore

31. *Dialogus de patriis illustrium doctrina et scriptis virorum*, Wittenberg, 1654, p. 56.

32. *Polyhistor sive noticia auctorum et rerum communium...*, Lübeck, 1683, 2e éd. en 1692-1695. La 3e édition procurée par J. A. Fabricius, sous le titre *Polyhistor literarius, philosophicus et practicus*, Lübeck, 1733, passe pour la meilleure ; passage visé ci-dessus p. 241.

33. W. Cave, *Scriptorum ecclesiasticorum historia literaria a Christo nato usque ad saeculum XIV... digesta*, Londres, 1688-1698, édition parue sans autorisation de l'auteur à Genève, 1705, en 1 vol. Dans cette édition, passage visé p. 720.

34. *Apparatus sacer*, t. II, Cologne, 1618, p. 527.

35. *De scriptoribus ecclesiasticis liber unus*, 2e éd, Paris, 1617, p. 353-354 (notice sur Vincent), p. 361 (discussion du *Morale*).

36. *De scriptoribus ecclesiasticis... philologia et historica dissertatio*, Paris, 1680, 2 vol., t. II, p. 79.

37. *Nouvelle bibliothèque des auteurs ecclésiastiques*, t. X, Paris, 1702, p. 70-71.

moins » [38]. L'*Historiale* avait cependant retenu l'attention de l'érudit François Duchesne (1584-1640) qui en avait donné des extraits [39].

En cette fin d'un siècle où l'essor des sciences religieuses, suscité par le Concile de Trente, semble s'essouffler, on constate que Vincent de Beauvais n'a pas bénéficié de ce renouveau. Pour les esprits soucieux d'une vision spirituelle du passé, le *Discours sur l'histoire universelle* de Bossuet est plus accessible que le *Miroir historial*. Aux yeux des érudits les principes de la critique historique, définis par les mauristes, motivaient les réserves exprimées au sujet du *Speculum maius*. Le dominicain cependant conserve une place dans l'histoire littéraire.

### 3. *Au siècle des Lumières*

Le succès remporté par le *Dictionnaire historique et critique* de Pierre Bayle, publié en 1695-1697, et plusieurs fois réédité, révélait l'évolution de nombreux esprits vers une opposition plus nette à la tradition religieuse. Opposition qui, aux générations suivantes, devait conduire à la philosophie des Lumières et, partant, à l'éclipse quasi totale de Vincent de Beauvais.

Reprenant la tradition de l'histoire littéraire de son ordre, le Père Jacques Echard (1644-1724) voulut y appliquer la méthode critique et présenta le résultat de son travail en une imposante synthèse où place est faite à Vincent de Beauvais [40]. Cette étude précise d'abord les rares données connues sur la vie de Vincent et trace du personnage un portrait fort élogieux et justifié. L'examen de l'œuvre commence par une longue démonstration, déjà faite dans un ouvrage précédent, pour prouver que le *Speculum morale* n'est pas de Vincent [41]. Passant à l'analyse du *Speculum maius*, le Père

38. *Discours sur l'histoire de la vie des saints*, réédité dans la nouvelle édition de la *Vie des saints*, t. I, Paris, 1739, en fin de volume avec pagination spéciale, sur Vincent, p. XLVIII-XLIX.

39. *Historiae Francorum Scriptores*, t. IV, Paris, 1641, p. 437-442 ; une vingtaine de chapitres sont tirés des livres XXVII et XXIX.

40. *Scriptores ordinis Praedicatorum recensiti notisque historicis et criticis illustrati*, Paris, 1719-1721, 2 vol. ; Vincent est traité vol. I, p. 212-240.

41. *Sancti Thomae summa suo auctori vindicata sive de venerabilis fratris Vincentii Bellovacensis scriptis dissertatio, in qua quid de speculo morali sentiendum aperitur*, Paris, 1708.

Echard fait état des anciens bibliographes de l'œuvre et tempère les critiques faites jadis par Melchior Cano. L'auteur n'oublie pas les opuscules et donne la liste des éditions. Sa conclusion souligne les mérites de Vincent : son œuvre est toujours utile, donnant des extraits d'œuvres perdues, présentant dans ses choix des lectures souvent meilleures que celles d'autres éditions. De son époque Vincent donne dans l'*Historiale* un tableau objectif, sans flatterie. Cette solide étude ne passe pas inaperçue. Si Casimir Oudin (1638-1717) n'avait pu en tenir compte [42], Moreri en enregistra l'essentiel [43] et le Père Touron la rendit accessible à un plus large public [44]. Mais si la personne de Vincent de Beauvais échappait à la critique, le Père Echard ne semble pas avoir réussi à réhabiliter le *Speculum maius*. Fleury dans son *Histoire ecclésiastique* ne voile pas les imperfections de l'œuvre et excuse son auteur qui, à son époque, ne pouvait connaître les règles de la critique historique [45].

## 4. *Vincent de Beauvais chez les philosophes*

La défense de Vincent de Beauvais et de son œuvre par ses savants confrères est restée, semble-t-il, sans effet, en France comme en Angleterre, dans les milieux intellectuels touchés par la philosophie des Lumières. Le savant dominicain n'est même pas l'objet de critiques ; il est ignoré. En Allemagne, en revanche, la tradition d'œuvres bibliographiques aussi complètes que possible ne permettait pas d'oublier Vincent.

« Le plus savant, le plus fécond et le plus utile des bibliographes », Jean Albert Fabricius (1668-1736), conservait à Vincent une place dans l'histoire littéraire [46]. Une notice, déjà parue en 1718, fut reprise en 1744 [47]. Après une courte biographie, tenant compte des

42. C. Oudin, *Commentarius de scriptoribus ecclesiae antiquis*, t. III, Leipzig, 1722, c. 451-457 – publication posthume ; l'auteur fait état des données connues.

43. *Le grand dictionnaire historique*, nouvelle éd., t. II, Paris, 1732, p. 16-17.

44. *Histoire des hommes illustres de l'ordre de saint Dominique*, t. I, Paris, 1743, p. 186-199.

45. *Histoire ecclésiastique*, t. I, p. LXXXIV, n. 5.

46. Cf. la notice par A. Bruchot, dans la *Biographie universelle* de Michaud, 2ᵉ éd., t. XIII, p. 299-302.

47. *Bibliotheca latina mediae et infimae latinitatis*, t. VI, Hambourg, 1746, p. 830-833.

rectifications du Père Echard, il cite les bibliographes ayant mentionné le dominicain et présente une liste de ses œuvres avec l'indication des éditions. Dans sa *Bibliotheca graeca* Fabricius donne, d'après l'édition de Douai, la liste des auteurs anciens cités dans le *Speculum naturale*, soit près de 350 noms [48]. Ne jugeant pas l'œuvre, Fabricius ne cache pas son estime pour l'homme dont il souligne la passion pour la lecture et l'indifférence aux honneurs.

Avec le bibliographe le plus connu de la génération suivante, le ton change. C'est en effet le point de vue d'un homme touché par l'Aufklärung que donne Jean-Charles Brücker (1696-1770). Dans un premier mouvement de critique, tenant compte du climat intellectuel du XIIIe siècle, il estime que Vincent n'a pas démérité : il a transmis des textes, perdus depuis lors, et surtout il n'a guère eu recours aux méthodes scolastiques, mais s'est tourné vers « la philosophie morale, naturelle, voire civile ». Cependant l'œuvre de Vincent reste marquée par la rudesse de son siècle : elle présente « une image flétrie de la philosophie ». L'histoire y est traitée dans la perspective d'une foi étroite. Brücker, reprenant un jugement de Morhof, estime que « si dans ce fumier on peut découvrir un peu d'or, le chaos confus d'une masse mal ordonnée et mal assimilée provoque la nausée » [49].

Ce jugement sévère ayant sans doute provoqué quelques réactions, Brücker y revint une vingtaine d'années plus tard. Après quelques corrections de détail, il déplore que des hommes de grande intelligence comme Vincent n'aient été que des compilateurs « se jetant à l'eau sans bouée ». Il conclut : « Ce *Speculum* n'étant d'aucune utilité, ne peut être recommandé, sinon comme un exemple propre à détourner de la logomachie. » [50]

A lire ces critiques, on comprend pourquoi il n'est plus question de Vincent de Beauvais dans la seconde moitié du XVIIIe siècle. La spiritualité de Vincent n'inspire pas ces générations. Quant au *Speculum historiale*, les mauristes, éditeurs des sources de l'histoire de France, estiment qu'« il y a peu à profiter de son livre » où ils ne

48. *Bibliotheca graeca*, t. XIV, Hambourg, 1728, p. 107-125.

49. *Historia critica philosophiae*, 1re éd., Leipzig, 1744, t. II, p. 783-785 ; 2e éd., Leipzig, 1766, p. 783-785, texte identique.

50. *Historiae criticae philosophiae appendix*, t. VI de la 2e éd., Leipzig, 1768, p. 592-593.

puisent que quelques détails [51]. A la fin du XVIIIe siècle, l'œuvre de Vincent est devenue un genre de monument historique que certains admirent de l'extérieur mais où peu d'érudits pénètrent.

La Révolution, en voulant rompre avec le passé, allait, semblait-il, enfouir Vincent de Beauvais sous les ruines des institutions traditionnelles. Comme les autres établissements monastiques, les prieurés dominicains disparaissent et avec eux les seules maisons où Vincent de Beauvais pouvait encore être connu. Lorsque les institutions, nécessaires à l'encadrement des hommes, furent remodelées, des citoyens formés sous l'Ancien Régime furent appelés à exercer leur compétence. Quelques mois après son rétablissement, l'Académie des Inscriptions et Belles-Lettres, devenue l'une des sections du nouvel Institut, décidait de reprendre les travaux des mauristes, l'*Histoire littéraire de la France* et le *Recueil des Historiens des Gaules et de la France*. Quant au goût pour le Moyen Âge qui s'éveillait dans les jeunes générations, il était encore du domaine du sentiment et de la poésie plutôt que de celui de l'érudition. En fait, ni les vieux érudits, ni les jeunes esthètes n'étaient portés à faire cas du *Speculum maius*. Les uns et les autres allaient d'ailleurs être dépassés par l'évolution de la discipline historique.

## III. Dans le champ de la science historique

En passant, au cours du XIXe siècle, du genre littéraire au statut de science, la discipline historique ne déconcertait pas les héritiers du siècle des Lumières. La rigoureuse codification des règles de la critique des textes, œuvre notamment des savants allemands, se réclamait de la tradition mauriste. La promotion de l'histoire au rang de science éclairant le destin des hommes, élargissait les perspectives ouvertes au siècle précédent. L'intérêt qui se manifestait alors pour le Moyen Âge pouvait conduire à une meilleure intelligence de l'époque, grâce notamment aux éditions plus nombreuses

51. *Recueil des historiens des Gaules et de la France*, t. XIII, Paris, 1786, préface p. LXXV ; Vincent a été utilisé pour établir la généalogie des comtes de Champagne (p. 709) où figure, en note, un large extrait du *Speculum historiale*, l. XXVIII, c. 128.

et plus correctes de textes et de documents. Mais le Moyen Âge des poètes et des artistes n'était pas celui des érudits et la réalité ambiante soulignait l'archaïsme des nostalgiques de la chrétienté médiévale. Les idéologies qui marquèrent successivement la conception de l'histoire ne faisaient pas l'unanimité. Dans ces conditions l'œuvre de Vincent de Beauvais restait un sujet de contradiction.

## 1. *Au temps du Romantisme*

Après une éclipse d'un quart de siècle, Vincent de Beauvais reparaît à l'horizon littéraire en 1819. La classification des sciences préoccupe les érudits de ce temps. A. G. Fr. de Fortia d'Urban présente le *Speculum maius*, « un des monuments les plus précieux du Moyen Âge », dans une recherche sur « le tableau encyclopédique des connaissances humaines » [52] où il n'est pas question de l'*Historiale*. La même année paraît à Heidelberg un ouvrage, donnant la traduction en allemand de textes relatifs à l'éducation des princes, avec trois appendices, dont l'un consacré à Vincent de Beauvais [53].

Ces deux ouvrages n'avaient pas échappé à un jeune universitaire, Valentin Parisot ; il donnait en 1827 à la *Biographie universelle* de Michaud une notice documentée sur Vincent de Beauvais qui « se montre au milieu d'un siècle barbare et de vingt écoles pédantesques, penseur profond, novateur réservé et savant ingénieux » [54]. Vincent « a commencé la classification véritable des sciences » et

52. *Nouveau sistême bibliographique mis en usage pour la connaissance des enciclopédies en quelque langue qu'elles soient écrites*, Paris, 1821, p. 169-178. L'auteur analyse le *Naturale* et le *Doctrinale*, plus brièvement le *Morale*, d'après les éditions incunables de sa bibliothèque.

53. Fr. Chr. SCHLOSSER, *Vincent von Beauvais. Hand- und Lehrbuch für Königliche Prinzen und ihre Lehrer, als vollständiger Beleg zu drei Abhandlungen über Gang und Zustand der sittlichen und gelehrten Bildung in Frankreich bis zum 13. Jahrhundert und im Laufe desselben*, Francfort-sur-le-Main, 1819, 2 vol.

54. *Biographie nouvelle ancienne et moderne*, t. XLIX, 1827, p. 119-126. Cette notice est reproduite textuellement dans la 2e édition, t. XLIII, p. 539-543. – Valentin Parisot (ou Parizot), ancien élève de l'École Normale Supérieure (promotion 1816), a fait une carrière de professeur de littératures étrangères, enseignant aux facultés de Grenoble, Rennes (1851), Douai (1854) ; il meurt en 1861.

c'est « à tort que quelques modernes accusent notre savant d'ignorance et de faiblesse d'esprit ». Alors que le *Naturale* et le *Doctrinale* sont analysés, l'*Historiale* est considéré comme ayant « moins de mérite intrinsèque. L'art d'écrire l'histoire était alors totalement inconnu ». Excusant Vincent d'avoir été de son siècle, Parisot fait une remarque de bon sens : « ...les croyances quelles qu'elles soient, les erreurs même les plus bizarres de l'intelligence, quand elles sont à tout un peuple, deviennent des faits, et dès lors tombent dans le domaine de l'histoire. » En soulignant ainsi le caractère de fait historique reconnu à l'œuvre du savant dominicain, Parisot entendait ramener le débat autour du *Speculum maius* sur un plan scientifique, tentative apparemment prématurée.

Il semblait que l'intérêt pour le Moyen Âge, suscité par le Romantisme, dût rejaillir sur l'œuvre de Vincent. Savants et poètes réhabilitaient l'art médiéval, jadis déprécié comme étant gothique, c'est-à-dire barbare, tandis que dans l'Église se dessinait un retour aux sources. Lacordaire prenait l'habit dominicain en 1839.

A. N. Didron (1806-1867), l'un des promoteurs des recherches archéologiques, entendait « rendre l'intelligence et l'estime des œuvres du passé et les faire respecter ». Pour lui le *Speculum maius* présente « un ordre analytique et chronologique, naturel et historique tout à la fois... des plus remarquable ». Or, pour Didron, cet ordre est précisément celui dans lequel sont rangées les dix-huit cents statues qui décorent l'extérieur de la cathédrale de Chartres. Cette comparaison entre l'art et les textes, qui devait se révéler féconde, resta à ce moment-là sans écho [55].

Du côté des auteurs religieux on ne peut signaler que la thèse soutenue en 1856 par l'abbé J. B. Bourgeat [56] pour replacer Vincent dans la perspective théologique. C'est en fait un exposé de la doctrine catholique, présenté selon l'ordre du *Speculum maius*. Une attention particulière est donnée au *Naturale*, mais l'*Historiale* y tient peu de place. Vincent donnait à l'auteur le cadre d'un plaidoyer apologétique qui ne tentait pas de replacer le dominicain dans son

55. *Iconographie chrétienne. – Histoire de Dieu*, Paris, Collection des Documents inédits de l'Histoire de France, 1843.

56. *Études sur Vincent de Beauvais, théologien, philosophe, encyclopédiste ou Spécimen des études théologiques, philosophiques et scientifiques au Moyen Âge – XIII<sup>e</sup> siècle*, Paris, 1856.

époque. La deuxième partie de cette thèse, dont la prochaine parution était annoncée, ne semble pas avoir été publiée.

Il était vain, semble-t-il, de vouloir reconnaître quelque importance à une œuvre dont la partie principale, l'*Historiale*, était indéfendable aux yeux des savants qui faisaient autorité et entraînait le reste du *Speculum* dans son discrédit.

## 2. *L'*Historiale *et les historiens*

« L'objet principal et direct de l'Académie étant l'histoire... », c'est en ces termes que son règlement, renouvelé en 1786, et repris pour l'essentiel en 1816 et 1830, définit, avant de la détailler, la tâche de l'Académie des Inscriptions et Belles-Lettres.

Dès 1803, la publication de l'*Histoire littéraire de la France*, commencée par les mauristes, reprenait. Lorsqu'elle en arriva aux auteurs du XIIIe siècle, Vincent de Beauvais y trouva place en 1835 [57]. P. Daunou y donnait une étude très documentée sur le dominicain. Suivant le Père Echard pour la biographie et la bibliographie de Vincent, l'académicien analysait le *Speculum triplex*, se référant, chemin faisant, aux mentions et jugements des auteurs anciens, du pseudo-Henri de Gand à Brücker, et donnait une liste des auteurs utilisés par Vincent. Sa conclusion est sévère. Sans doute l'ouvrage de Vincent, qui « n'est qu'une compilation », « coordonnait et rendait immédiatement accessibles à tous les hommes studieux de ce temps d'innombrables notions, prises dans une multitude de livres ». Mais l'*Historiale* ne répond pas à la conception que l'on se fait maintenant de l'histoire : « ...l'histoire n'est plus une science, elle n'est plus une étude raisonnable, quand des récits merveilleux, qui ne sont aucunement attestés, usurpent la place des faits positifs, rigoureusement vérifiés. » Dans ces conditions Vincent « n'a presque plus rien à nous enseigner, mais beaucoup à raconter ». Cependant Daunou, ancien oratorien, avait bien noté le caractère théologique de l'œuvre.

Parmi les érudits, nés après la Révolution, certains trouvèrent quelque intérêt dans l'œuvre de Vincent de Beauvais. Pour Natalis de Wailly (1805-1866), le dominicain est « un écrivain justement

57. *Histoire littéraire de la France*, t. XVIII, 1835, p. 451-529.

estimé », dont il signalait en 1845 le *Memoriale temporum* [58]. Jules Quicherat (1814-1882) rappelait l'utilité du *Speculum* pour l'édition critique de textes anciens [59]. Léopold Delisle (1826-1910), figure éminente de l'érudition, précisa l'attribution de certains extraits de l'*Historiale* ; il mit en valeur de luxueux manuscrits du *Miroir historial* et suscita une suite d'études sur l'iconographie des œuvres du dominicain [60].

L'Académie des Inscriptions et Belles-Lettres revint à Vincent de Beauvais. En 1863 elle attribuait le Prix Bordin à É. Boutaric pour ses recherches sur les sources du *Speculum historiale*, dont l'auteur tira un article intéressant la philologie classique [61]. Vincent trouva finalement une place modeste dans le *Recueil des historiens des Gaules et de la France* où N. de Wailly publia des extraits du *Memoriale temporum* [62]. Les *Monumenta Germaniae Historica* en reconnurent l'utilité [63]. Les derniers livres de l'*Historiale* dont J. Echard avait autrefois souligné l'objectivité furent pour les recherches de Ch. Petit-Dutaillis une source appréciée [64].

Cependant, malgré ces études ponctuelles, le *Speculum historiale* reste en marge du champ d'investigation des historiens, et ce rejet se porte également sur les autres œuvres du dominicain. Vincent est absent des listes de thèses soutenues en France dans les Facultés des lettres et à l'École des Chartes, et, sauf une exception, il en restera exclu au siècle suivant. L'*Historiale* ne répondait évidemment pas aux exigences scientifiques, formulées en 1898 par Ch. V. Langlois et Ch. Seignobos dans leur *Introduction aux études historiques*, qui sera considérée comme « le manifeste de l'histoire

---

58. *Bibliothèque de l'École des Chartes*, VI, 1844, p. 389.

59. *Ibid.*, XI, 1849, p. 3.

60. L. Delisle, « Exemplaires royaux et princiers du *Miroir historial* », *Gazette des Beaux-Arts*, XI, 1886.

61. Mémoire resté inédit aux Archives de l'Institut de France (prix Bordin 1863) ; É. Boutaric, « Vincent de Beauvais et la connaissance de l'Antiquité classique au XIIIe siècle », *Revue des Questions historiques*, XVII, 1875, p. 5-57.

62. *Recueil des historiens des Gaules et de la France*, t. XXI, 1855, p. 71.

63. *Monumenta Germaniae Historica, Scriptores*, XXIV, 1879, éd. du *Memoriale* par O. Holder-Egger, p. 154-157.

64. Ch. Petit-Dutaillis, *Étude sur la vie et le règne de Louis VIII, roi de France (1187-1226)* (Bibliothèque de l'École pratique des Hautes-Études, IVe section, t. CI), Paris, 1894, voir p. XVIII-XIX.

positiviste » [65]. Cinq ans plus tard, A. Molinier, dans son savant et indispensable ouvrage sur les sources de notre histoire médiévale, qualifie l'*Historiale* de « compilation sans originalité d'extraits, choisis avec plus ou moins de sens critique et classés plutôt mal que bien » [66]. L'opinion dominante continuait à voir en Vincent de Beauvais un travailleur acharné, auteur d'une œuvre sans intérêt.

### 3. *Les Miroirs, gisements à filons pour érudits*

Prenant les œuvres de Vincent pour ce qu'elles étaient dans l'intention de leur auteur, c'est-à-dire des extraits d'écrits jugés significatifs, des érudits y firent des trouvailles intéressant leur discipline.

Dans le domaine des recherches philologiques un savant allemand avait, en 1794, tiré du *Speculum maius* des extraits d'une œuvre de Varron, plus importants et de meilleure tradition que ceux des éditions connues alors [67]. Furent également mis en valeur les passages empruntés à Tibulle [68]. Les éditions d'autres auteurs anciens pouvaient trouver des leçons dans le *Speculum*, Boutaric l'avait signalé. Ces pistes ne semblent cependant pas avoir attiré les chercheurs jusqu'à B. L. Ullman qui, au siècle suivant, étudiera les florilèges et notamment ceux utilisés par Vincent [69].

Le *Speculum doctrinale* fut d'abord le terrain de chasse des juristes. Savigny, éminent historien du droit, estimait que Vincent de Beauvais avait été le premier à tenter une vue d'ensemble sur le droit et la pratique dans les livres VIII (c. 34-132), IX et X de ce recueil. Sans doute il ne s'agit que d'extraits et l'ouvrage ne semble pas avoir influencé les juristes. Il reste que cette tentative devait être

65. Comme le dit J. LECLANT, dans *Institut de France, Histoire des cinq Académies*, Paris, 1995, p. 168-169.

66. A. MOLINIER, *Les sources de l'histoire de France, des origines aux guerres d'Italie (1494)*, t. III, *Les Capétiens (1180-1328)*, Paris, 1903, p. 84, 93-96.

67. Fr. C. VON SAVIGNY, *Gechichte des römischen Rechts im Mittelalter*, Heidelberg, 1815-1816, 2 t. – On se réfère ici à la 2^e^ édition, t. V, 1850, p. 434-437 ; voir p. 436 les auteurs identifiés ou non.

68. O. RICHTER, *De Vincentii Bellovacensis excerptis Tibullianis*, Bonn, 1865.

69. Voir ci-dessous.

signalée. Savigny cite les auteurs utilisés, et avoue n'avoir pas identifié certaines *Sommes*, probablement perdues entre-temps.

Savigny s'intéressait au droit romain. En fait, Vincent a surtout recours aux canonistes, son œuvre étant destinée aux clercs et aux moines. G. Phillips voit dans le *Doctrinale* « un livre remarquable et important pour le droit canonique ». A son tour, cet érudit identifie des sources citées, sans pouvoir les identifier toutes [70].

Cette recherche est reprise avec plus de détails par J. Fr. von Schulte, qui résout certains problèmes d'identification de sources [71], mais constate aussi que Vincent a disposé de documents inconnus aujourd'hui. Quand au siècle suivant paraîtra le *Dictionnaire de droit canonique*, Vincent y trouvera place [72].

Divers érudits avaient souligné les aspects originaux du *Speculum naturale*. É. Littré, voulant « en l'honneur de la vérité historique, rendre au Moyen Âge ce qui lui appartient », en avait analysé les faiblesses et reconnu les mérites [73] ; cette œuvre fut prise en considération à la fin du XIX<sup>e</sup> siècle, lorsque l'essor de la recherche scientifique et ses applications incita des savants à se pencher sur le passé de leur discipline. En 1892, Marcellin Berthelot, après avoir donné la liste des auteurs alchimistes cités par Vincent de Beauvais, et mentionné les connaissances techniques transmises par la pratique des arts et métiers, voit dans cette œuvre une base solide pour la critique des ouvrages attribués alors aux alchimistes arabes. Vincent lui-même y fait preuve d'esprit critique à propos d'une œuvre attribuée à Aristote ; il ne cache pas ses doutes au sujet de la transmutation des métaux, ce qui amène Berthelot à constater que « nous ne saurions même aujourd'hui en démontrer l'impossibilité » [74].

---

70. G. PHILLIPS, *Kirchenrecht*, Ratisbonne, 1845-1859, 8 vol. Sur Vincent, t. IV, 1857, p. 321-324 ; sur les sources, p. 323.
71. J. Fr. VON SCHULTE, *Geschichte der Quellen und Literatur des canonischen Rechts von Gratian bis zur Gegenwart*, t. II, Stuttgart, 1877, p. 120-122.
72. R. NAZ, *Dictionnaire de droit canonique*, t. VII, Paris, 1956, col. 1505-1507.
73. Dans sa « Notice sur Pline... », p. XVI-XVII, notice précédant la traduction de l'*Histoire naturelle* (Collection Nisard), t. I, Paris, 1860.
74. M. Berthelot, *Histoire des sciences. La chimie au Moyen Âge*, t. I, Paris, 1893, p. 280-289, ch. IV, « L'alchimie dans Vincent de Beauvais ». Liste des auteurs cités, p. 280 : Avicenne y prend la plus grande place. Au savoir transmis par l'Antiquité et les Arabes s'ajoutent des connaissances pratiques (vitriols et sels) transmises par

Le physicien Pierre Duhem, auteur d'un important ouvrage sur l'histoire des sciences physiques et astronomiques, voit en Vincent de Beauvais un des témoins « de la renaissance scientifique dont la chrétienté latine fut le théâtre pendant le deuxième quart du XIIIe siècle » [75]. Le *Naturale*, sans présenter d'idées neuves ou de théories originales donna, selon Duhem, un exposé à peu près complet des connaissances que l'on avait de l'astronomie au milieu du XIIIe siècle, et même des problèmes discutés comme celui de l'empyrée coiffant des sphères célestes mobiles ; il est également question des marées et des sols. P. Duhem identifie les sources utilisées par Vincent et note les influences subies et exercées par lui.

La place du *Naturale* dans l'histoire des sciences est cernée avec une particulière attention par Lynn Thorndike, dont l'ouvrage monumental se fonde sur une documentation exceptionnellement riche et remarquablement maîtrisée. Après de pertinentes réflexions sur la genèse des divers miroirs, l'auteur observe que Vincent ne fait pas état d'observations personnelles de la nature et qu'il montre moins de discernement scientifique que certains de ses contemporains ; ces déficiences sont, aux yeux de Thorndike, aggravées par « l'orientation théologique quelque peu excessive » de Vincent. Mais comme son œuvre a exercé une large et durable influence, il en est donné une analyse qui note les références à la magie, l'astrologie, la mancie, les vertus des gemmes, et l'auteur s'amuse des discussions autour de la faute d'Adam et d'Ève. Les chapitres de botanique et de zoologie sont plus sobrement traités. Mais pour l'historien, l'ouvrage de Vincent évoque par trop « les ciseaux et la colle » du compilateur ; il est difficile d'y voir une image adéquate de la science de son temps.

Le *Speculum maius* reste donc au seuil du XXe siècle un signe de contradiction entre savants. L'orientation prise par les nouvelles

---

la voie des arts et métiers (p. 289). Vincent fait preuve d'esprit critique à propos de la transmutation métallique (p. 282) et d'un texte attribué à Aristote (p. 285).

75. P. Duhem, *Le système du monde*, références données à la seconde édition. Vincent est souvent cité ; voir les principaux passages concernant son œuvre : t. III, Paris, 1958, p. 346-349 sur l'astronomie (pas d'idées neuves, mais exposé à peu près complet de ce que l'on savait au XIIIe siècle) ; t. IV, 1954, p. 157, à propos de l'empyrée immobile ; t. IX, 1958, p. 18, les marées traitées « en grand désordre » ; sur la géologie (p. 260-261), Vincent suit Albert le Grand.

générations d'historiens ne les portait pas vers ce religieux qui « paraît s'être tenu en dehors du grand mouvement créateur de pensée du XIIIe siècle » [76].

## IV. Les résurgences de Vincent de Beauvais

Partagée par les historiens, l'assurance des hommes de science allait être mise à l'épreuve au cours du siècle le plus bouleversé et le plus bouleversant de l'histoire connue. Sans doute les techniques acquises grâce aux découvertes en sciences physiques et naturelles restaient valables comme les lois permettant de les reproduire. Mais le plan, sur lequel cette science s'était développée et avait bâti sa conception de l'homme et de l'univers, était dépassé par la nouvelle physique et bientôt par le prodigieux essor de la biologie. La physique s'ouvrait à nouveau sur la métaphysique.

De leur côté les historiens restaient toujours, pour la plupart, réticents devant les problèmes d'épistémologie. Mais deux guerres mondiales, les sacrifices humains et les mutations qu'elles entraînèrent, amenèrent les historiens à élargir leur horizon de recherche. L'œuvre de Vincent de Beauvais commençait à sortir de quarantaine.

### 1. *Dans les reflets d'un art prestigieux*

« Pour avoir le droit de porter un jugement sur les artistes du Moyen Âge, il faut (donc) commencer par comprendre ce qu'ils voulaient faire. » [77] Cette règle de bon sens avait guidé Émile Mâle,

---

76. L. Thorndike, *A History of Magic and experimental science*, New York, Columbia University Press, 1923-1958, 8 vol. A l'exception du volume VII, tous les autres comportent des références à l'œuvre de Vincent, soit à propos des auteurs antérieurs, utilisés par le *Speculum*, soit par les mentions faites dans des ouvrages postérieurs. Vincent est traité au t. II, 1923, p. 457-476. Sa conclusion, p. 476 : « His mirror is a glass through which we see darkly and not face to face. »
77. É. Mâle, *L'art religieux du XIIIe siècle en France*, Paris, 1899, p. III.

ancien élève de l'École Normale Supérieure, qui, en 1899, présentait en Sorbonne sa thèse, *L'art religieux au* XIIIe *siècle en France*. Dépassant les considérations esthétiques et techniques, l'auteur, pour saisir le propos des artistes de ce temps, estimait nécessaire de procéder d'abord à une revue méthodique des sujets traités. Constatant que « tout ce que les théologiens, les encyclopédistes, les interprètes de la Bible ont dit, a été exprimé par la peinture sur verre ou par la sculpture » [78], l'auteur montrait la concordance des monuments et des textes. L'harmonie qu'il découvre dans les cathédrales reflète, à son sens, la passion de l'ordre des hommes de ce temps ; Vincent de Beauvais lui apparaît comme le guide le plus sûr « pour étudier les grandes idées directrices de l'art du XIIIe siècle » [79]. Le livre d'É. Mâle s'ordonne donc autour des quatre Miroirs, l'*Historiale* encadrant les deux tiers de l'étude. Travail d'un ton enthousiaste, inhabituel dans ce genre d'exercice, l'ouvrage ouvrait de nouvelles voies à l'histoire médiévale. Vincent de Beauvais sortait de l'obscurité où la critique le reléguait. Chartres était présenté comme un somptueux reflet du *Speculum maius*, lequel, à son tour, bénéficiait d'une éclatante illustration, éclairant son sens et sa portée. Traduit en langues étrangères et réédité tout au long du siècle, l'ouvrage de Mâle imposait Vincent de Beauvais à l'attention des médiévistes et les invitait à replacer son œuvre dans les perspectives où elle avait été conçue et réalisée. Mais pour les historiens, fascinés par les grands mouvements d'idées du XIIIe siècle et l'essor des universités, Vincent de Beauvais « n'exprime pas la pensée de son temps » [80]. Or, la valeur de l'homme et de son œuvre avait été reconnue par les autorités de l'époque et la diffusion rapide et importante du *Speculum maius* répondait, semble-t-il, à un besoin dont Chartres était l'expression éclatante. Un patient travail d'érudition s'imposait donc pour dépasser ces contradictions.

78. *Ibid.*, p. IX.

79. *Ibid.*, p. 25.

80. H. PELTIER, « Vincent de Beauvais », dans *Dictionnaire de Théologie catholique*, t. XV, 1950, col. 3032.

## 2. *Les relais de l'érudition*

Les plus prestigieuses synthèses qu'allait susciter le renouvellement des recherches historiques ne devaient accorder à Vincent que de brèves mentions, quand il n'était pas passé sous silence. Entre-temps une série d'études ponctuelles permettaient cependant une approche de l'œuvre du dominicain.

Revenant apparemment sur son jugement, A. Molinier remettait en 1905 à l'Académie des Inscriptions et Belles-Lettres un mémoire sur les derniers livres de l'*Historiale* pour préciser leur apport à l'histoire du XIIIe siècle. Ce mémoire, n'étant pas publié, resta sans écho [81]. A la génération suivante, C. Oursel, signalant un manuscrit de l'*Historiale*, donnait le texte inédit de la lettre présentant cette partie de l'œuvre à saint Louis. Ce document important pour comprendre la genèse du *Speculum* ne semble pas avoir stimulé les recherches [82].

Travaillant dans d'autres directions, des chercheurs faisaient une place au *Speculum maius*. Le *Doctrinale* est mis à contribution, et certains de ses chapitres sont étudiés, en liaison avec d'autres œuvres du dominicain, pour traiter de morale et de pédagogie. Une recherche menée par G. Göller met en lumière les chapitres concernant la musique [83].

L'intérêt soulevé autour de 1930 par l'étude des encyclopédies reliait le *Speculum maius* à une tradition ancienne [84]. C'est à Vincent, considéré comme encyclopédiste que s'est intéressé George Sarton. Selon cet auteur, le *Speculum maius*, conçu selon un plan tout nouveau, est plus remarquable par ses dimensions que par sa qualité, les matériaux n'en étant pas assimilés en un ensemble organique. Vincent est cependant reconnu comme meilleur naturaliste que Roger Bacon, et son œuvre vue comme l'un des plus grands

81. *Études sur les trois derniers livres du* Miroir historial, mémoire inédit distingué par le prix Bordin, 1905, conservé aux Archives de l'Institut de France.
82. C. Oursel, « Un exemplaire du *Speculum maius* de Vincent de Beauvais provenant de la bibliothèque de saint Louis », *Bibliothèque de l'École des Chartes*, LXXXV, 1924, p. 251-262.
83. G. Göller, *Vincenz von Beauvais O. P. (um 1194-1264) und sein Musiktraktat im « Speculum Doctrinale »*, Ratisbonne, 1959.
84. Voir *Spicae*, I, 1978.

monuments du savoir médiéval [85]. Pour les spécialistes de l'étude des *exempla*, ces recueils à l'usage de la prédication, l'*Historiale* était « un immense anecdotier » divisé en 32 livres [86]. Avec les travaux de B. L. Ullman sur les florilèges d'auteurs antiques, l'œuvre de Vincent était sondée sous un aspect important. Toutefois, pour promouvoir la recherche, il paraissait nécessaire à cet érudit de disposer d'une nouvelle édition du *Speculum maius* répondant aux exigences de la critique textuelle. Une telle entreprise dépassait les moyens dont on disposait à l'époque, en raison du volume du *Speculum* et du nombre de manuscrits [87].

En revanche, l'édition critique des opuscules de Vincent s'avérait possible ; elle allait permettre de mieux connaître le personnage.

## 3. *Au cœur de la société de son temps*

En s'attachant surtout à discuter de la valeur historique et scientifique du *Speculum maius*, et principalement de l'*Historiale*, la tradition littéraire, se plaçant au point de vue moderne, ne tenait guère compte du précepte de critique équitable qui recommandait de replacer d'abord une œuvre dans son contexte. Menée dans cet esprit, l'étude des opuscules de Vincent se révéla très féconde.

Hors des contraintes d'un cadre choisi pour un enseignement de type scolaire, Vincent révélait sa personnalité. Dans ces opuscules, le dominicain n'était pas un simple compilateur. Le choix des extraits cités, l'ordre de leur présentation, les commentaires et les transitions les encadrant, relevaient d'un plan, d'une

85. G. Sarton, *Introduction to the History of Science*, vol. II, 2 (Carnegie Institute of Washington, Publ. 376), Baltimore, 1931, p. 929-932. Voir à l'index les références à d'autres passages concernant Vincent.

86. J. Th. Welter, *L'*Exemplum *dans la littérature religieuse et didactique du Moyen Âge*, Paris, 1937, p. 142.

87. B. L. Ullman, « A Project for a New Edition of Vincent of Beauvais », *Speculum*, VIII, 1933, p. 34-38 ; Id., « The Need for a New Edition of Vincent of Beauvais », Actes du premier congrès de la Fédération internationale d'Études classiques, Paris, 1951, p. 254-257. Sur les florilèges d'auteurs antiques, voir la série d'articles dans *Classical Philology*, XXIII, 1928, à XXVII, 1932.

pensée, portant la marque d'une forte personnalité, d'un moraliste éclairé et courageux. Selon la technique littéraire des sermonaires, ces opuscules ne recouraient aux citations que pour soutenir le développement d'une argumentation présentant les divers aspects du sujet proposé. Ces qualités étaient soulignées, en 1928, par l'étude de L. Lieser sur l'éthique dans le *Speculum maius*, qui en dégageait la philosophie [88].

Dix ans plus tard, en 1938, deux ouvrages centraient les recherches sur un aspect des activités de Vincent qui n'était certes pas ignoré, mais dont on n'avait guère perçu jusqu'alors l'ambitieuse ampleur. A. Steiner, dans son édition du *De eruditione filiorum nobilium*, et W. Berges, dans une magistrale synthèse sur les miroirs des princes du haut et du bas Moyen Âge, rappelaient que Vincent de Beauvais, à la demande du roi, transmise et appuyée par le maître général des frères prêcheurs, avait entrepris un *Opus universale*, en quatre parties, traitant des qualités exigées du prince, de son entourage familial et curial, des officiers et de l'administration du royaume et de l'éducation des enfants [89].

Des quatre traités prévus, deux seulement virent le jour, à la demande expresse des princes. Le *De eruditione* avait déjà suscité bien des travaux. L'édition de A. Steiner permettait de dépasser les traductions partielles et analyses des auteurs pour une étude plus approfondie, et d'en dégager l'esprit [90]. L'autre traité, *De morali*

88. L. LIESER, *Vincenz von Beauvais als Kompilator und Philosoph. Eine Untersuchung seiner Seelenlehre im* Speculum maius (Forschungen zur Geschichte der Philosophie und der Pädagogik, 3. Bd, Heft 1), Leipzig, 1928.

89. A. STEINER, *Vincent of Beauvais,* De eruditione filiorum nobilium (The Mediaeval Academy of America, Publ. 32), Cambridge (Mass.), 1938 – réimprimé New York, 1970. W. BERGES, *Die Fürstenspiegel des hohen und späten Mittelalters* (Schriften des Reichsinstitut für älter deutsche Geschichtskunde, Monumenta Germaniae Historica, 2), Stuttgart, 1938.

90. R. FRIEDRICH, *Vincentius von Beauvais als Pädagog nach seiner Schrift* De eruditione filiorum nobilium, Leipzig, 1883, se fonde sur les extraits traduits en allemand, par F. C. Schlosser. A. MILLAUER, *Vincenz von Beauvais über die Erziehung,* Ellwangen, 1887, utilise les textes latins. L'édition donnée par A. Steiner a permis de reprendre ce thème de recherche. L'ouvrage de A. L. GABRIEL, *The educational ideas of Vincent of Beauvais* (Texts and Studies in the History of Mediaeval Education, 4) Notre-Dame (Ind.), 1956, a suscité un intérêt, justifiant une réédition du texte anglais, en 1962, et une traduction allemande,

*principis institutione*, étudie l'origine et la mission de la royauté, les qualités d'un bon gouvernement et les périls de la vie de cour, où trop souvent l'adulation et le dénigrement travestissent le renseignement et biaisent les rapports humains. Depuis l'Antiquité nombre d'auteurs avaient composé un ouvrage de ce type. Sur ce thème Vincent a donné un traité solidement charpenté, savamment documenté, clairement pensé et proche des réalités humaines. Il y révèle la maîtrise d'un talent sûr de lui, une fine psychologie, le courage d'un homme dont l'attitude semble proche des citoyens antiques, souvent cités. Se demandant pourquoi cet *Opus universale* était resté inachevé, W. Berges ouvre un débat posant des questions essentielles pour comprendre la société du XIIIe siècle : l'émulation, voire peut-être l'antinomie, entre la recherche de la *scientia* et celle de la *sapientia* et d'autre part la critique de la féodalité [91]. Replacé dans cette perspective, Vincent de Beauvais prenait une stature bien différente de l'image d'un compilateur besogneux. Il convenait donc d'en approfondir l'étude, c'est-à-dire d'en analyser le projet, de cerner les moyens disponibles alors et surtout de préciser le contexte humain dans lequel l'œuvre avait été conçue et réalisée [92]. Cette démarche permettait d'éviter des jugements anachroniques, inspirés par des critères d'une autre époque.

Le nouveau pas que franchissent vers 1960-1970 les découvertes scientifiques et leurs applications techniques amenaient les historiens à réviser leurs conceptions et leurs méthodes, et mettaient à portée des chercheurs des outils puissants et performants.

---

mise à jour en 1967, sous le titre *Vincenz von Beauvais, ein mittelalterlicher Erzieher*, Francfort-sur-le-Main, 1967. Entre-temps J. E. BOURNE, *The educational thought of Vincent of Beauvais*, Diss. Harvard University, 1960, reprenait le sujet et précisait la place du traité dans le projet d'*Opus universale*. Sur ce projet, voir la mise au point de R. J. SCHNEIDER, « Vincent of Beauvais *Opus universale de statu principis* : a reconstruction of its history and contents », *Colloque Montréal*, p. 285-299.

91. W. BERGES, *op. cit.* (n. 89), p. 188-195.

92. E. P. THOMPSON, « Anthropology and the discipline of historical context », *Medieval History*, I, 1972, p. 41-55.

4. *Vincent de Beauvais, tel qu'en lui-même*

Portés par cette nouvelle vague et sans s'être concertés, plusieurs chercheurs rétablissent Vincent de Beauvais dans l'actualité scientifique. En 1971, Serge Lusignan publiait à Montréal sa thèse sur le *Speculum doctrinale, livre III. Étude sur la logique dans le miroir des Sciences de Vincent de Beauvais*, ce qui le conduisit à revoir le projet de l'auteur en 1979 dans *Préface au* Speculum maius *de Vincent de Beauvais : réfraction et diffraction* [93]. Un pas important était franchi, puisque se dégageait l'idée maîtresse d'une œuvre dont l'ampleur avait masqué l'intérêt. Héritier des projets de B. L. Ullman, Gregory Guzman, déjà signalé par ses recherches, lançait depuis la Bradley University le premier numéro de *Vincent of Beauvais Newsletter*, un bulletin d'information et de liaison devenu indispensable. En 1978, L'Atelier Vincent de Beauvais, créé quelques années plus tôt à l'Université de Nancy, éditait le premier numéro de *Spicae* [94] où se manifestait la diligence et la compétence de M. Paulmier-Foucart. Suivant l'exemple de son maître A. L. Gabriel, Robert J. Schneider centrait ses recherches sur l'*Opus universale*, qui préparaient son édition du *De morali principis institutione* [95]. Rejoint ensuite par J. B. Voorbij qui soutint sa thèse à Groningue en 1991 [96], ce peloton, animé par une cordiale émulation fit reconnaître à Vincent de Beauvais sa place dans l'histoire culturelle de l'Occident. De ce cheminement, la table ronde de Nancy, 1985, le colloque de Montréal, 1988, et la présente réunion de Royaumont, marquent les étapes, jalonnées de publications de qualité qu'il n'est pas nécessaire de rappeler ici.

Ainsi se dessinent les axes d'une recherche, pénétrant plus aisément qu'on aurait pu le faire jadis, dans le cœur d'une œuvre représentative d'un moment important de la civilisation médiévale. On dispose maintenant d'éditions critiques pour un grand nombre d'auteurs utilisés par Vincent. Le recours à l'informatique permet de

93. Cahiers d'Études médiévales, 5, Montréal, Paris, 1979.

94. Quatre numéros parus de 1978 à 1986.

95. R. J. Schneider, *Vincentii Belvacensis De morali principis institutione* (Corpus christianorum, Continuatio medievalis, XXXVI), Turnhout, 1995.

96. J. B. Voorbij, *Het « Speculum historiale » van Vincent van Beauvais, een studie van zijn ontstaansgeschiedenis*, Groningen, 1991.

vérifier, dominer, classer l'importante masse de données fournies par le *Speculum*. L'intérêt qui se manifeste présentement pour l'histoire culturelle justifierait, si besoin en était, ces recherches entreprises *ad veritatis manifestam declarationem* [97].

97. Ces pages, loin d'être un rapport exhaustif sur la question, entendent simplement attirer l'attention sur une recherche, intéressante à poursuivre. La notice de U. Chevalier, *Répertoire des sources historiques du Moyen Âge. Bio-Bibliographie*, 2e édition, Paris, 1905-1907, t. II, col. 4683-4684, fournit une très utile base de départ pour une telle recherche. Les ouvrages, cités dans cette liste, donnent d'autres références, notamment ceux de Brücker, Daunou, Echard, Touron, mentionnés au cours de la présente étude. Celle-ci fait état surtout des auteurs étrangers à l'ordre dominicain ; il conviendrait donc de la compléter par les nombreuses données à trouver dans l'histoire littéraire des frères prêcheurs, source essentielle pour suivre le destin de l'œuvre de Vincent de Beauvais. Voir l'article de Gregory Guzmann évoqué n. 15 et la notice de Th. Kaeppeli, E. Panella, *Scriptores Ordinis Praedicatorum Medii Aevi*, vol. IV, Rome, 1993, p. 435-458. Depuis 1980, la bibliographie courante est donnée dans *Medioevo latino*.

# BIBLIOGRAPHIE DE JEAN SCHNEIDER

## Ouvrages

*La ville de Metz aux* XIIIe *et* XIVe *siècles*, Nancy, 1950, in-8°, XXVII-606 p., ill., 1 plan hors texte.

*Recherches sur la vie économique de Metz au* XVe *siècle. Le livre de comptes des merciers messins Jean Le Clerc et Jacquemin de Moyeuvre (1460-1461)*, Nancy, 1951, in-8°, 105 p., 2 planches hors texte.

*Metz. Son blason à travers l'histoire*, Metz, 1951, in-4°, 83 p., 60 dessins de Jean Thiriot.

*Histoire de la Lorraine*, Collection « Que sais-je ? » n° 450, Paris, 1951, in-16°, 127 p., 2e éd. 1967.

*Le droit coutumier de la ville de Metz au Moyen Âge*, t. III, *Jugements du maître-échevin de Metz aux* XVe *et* XVIe *siècles* (Publications de l'Institut historique du Droit de l'Université de Leyde, série II), Haarlem, 1967, in-8°, 484 p.

*Lorraine et Bourgogne (1473-1478). Choix de documents*, Nancy, 1982, in-8°, 280 p.

## En collaboration

« La cité de Metz (962-1552) », in *Histoire de la Lorraine* publiée par la Société des Études locales de l'Enseignement public, Nancy, 1939, p. 162-183.

« La Lorraine dans l'histoire de l'Occident », in *Visage de la Lorraine*, par Cl. Précheur, J. Schneider, J. Martinelli et P. Marot, Paris, « Horizons de la France », 1950, p. 53-96.

E. M. Meijers, J. J. Salverda de Grave, J. Schneider, *Le droit coutumier de la ville de Metz au Moyen Âge*, t. I, *Jugements du maître-échevin du* XIVe *siècle* (Publications de l'Institut historique du Droit de l'Université de Leyde, série II), Haarlem, 1951, in-8°, XXXII-672 p.

J. Thiriot, J. Schneider, *Portes et murailles de la cité de Metz*, Metz, 1970 (préface et introduction de J. Schneider, p. 7-24).

G. Dosdat, *Les échevins du Palais de la cité de Metz (1180-1552)*, publication posthume présentée par J. Schneider, s. l. n. d. (Nancy, 1993).

## Articles

« Étude sur la fortune d'un patricien messin du XIIIe siècle, Arnoul Aixiet (?-1300) », *Annuaire de la Société d'Histoire et d'Archéologie de la Lorraine*, XLVII, 1938, p. 255-298.

« L'Écosse et la Lorraine à travers les âges », *Mémoires de l'Académie de Stanislas*, CIX, 1946-1949, p. 141-156.

« Bourgeois et officiers épiscopaux. La fin de l'avouerie et de la ministérialité épiscopale à Metz (XIIIe-XIVe s.) », *ibid.*, XLVIII, 1947, p. 75-94.

« Un poète messin du XIIIe siècle, Aubertin des Arvols », *Nos Traditions*, Nouvelle série, II, n° 5, 1949, p. 97-100.

« Les ducs de Lorraine et le comté de Metz », *Les Cahiers lorrains*, octobre 1949, p. 54-58.

« Notes sur quelques documents concernant les cités lorraines au Moyen Âge », *Revue historique de la Lorraine*, LXXXVII, 1950, p. 29-41 et 59-81.

« En parcourant les terroirs des villages lorrains : les lieux-dits et l'histoire », *Le Pays lorrain*, XXXII, 1951, p. 33-41.

« Note sur l'organisation de métiers à Toul au Moyen Âge », in *Mélanges d'histoire du Moyen Âge dédiés à la mémoire de Louis Halphen*, Paris, 1951, p. 659-664.

« Les activités des marchands et financiers italiens dans la région lorraine aux XIIIe et XIVe siècles », *Comptes rendus des séances de l'Académie des Inscriptions et Belles-Lettres*, juillet-octobre 1951, séance du 5 octobre, p. 327-330.

« Toul au milieu du XVIe siècle », *Le Pays lorrain*, XXXIII, 1952, p. 59-66.

« Le mouvement économique à Metz pendant la deuxième moitié du XIVe siècle d'après les registres de la maltôte », *Bulletin philologique et historique (jusqu'en 1715) du Comité des Travaux historiques et scientifiques, Années 1948-1949-1950*, Paris, 1952, p. 55-73.

« La cité de Verdun à la veille du voyage d'Austrasie », *Annales de l'Est*, 1952, p. 327-348.

« Le droit de grenouillage dans la Lorraine médiévale », *Le Pays lorrain*, XXXIV, 1953, p. 12-17.

« Claude Chansonnette (*Cantiuncula*), jurisconsulte et humaniste messin (vers 1490-1550) au service de la Maison de Lorraine », in *Hommage à Lucien Fèbvre. Éventail d'histoire vivante offert par l'amitié d'historiens, linguistes, géographes, économistes, sociologues, ethnologues*, Paris, 1954, p. 231-239.

« Les villes allemandes au Moyen Âge. Compétence administrative et judiciaire de leurs magistrats », *Recueils de la Société Jean Bodin*, V, *La Ville, 1re partie*, Bruxelles, 1954, p. 467-516.

« Les villes allemandes au Moyen Âge. Leurs institutions économiques », *ibid.*, 2e partie, Bruxelles, 1956, p. 403-482.

« Fer et sidérurgie dans l'économie européenne du XIe au XVIIe siècle », in *Actes du colloque international « Le Fer à travers les âges. Hommes et techniques »*, Nancy, 1956, p. 111-141.

« Les marchands siennois et la Lorraine », in *Studi in onore di Armando Sapori*, Milan, 1957, t. I, p. 393-399.

« Du commerce à l'aristocratie terrienne. Thiébaut de Heu, citain de Metz (vers 1265-1330) », *Mémoires de l'Académie nationale de Metz*, CXXXV-CXXXVI, 1957, p. 13-90.

« Aspects de la vie urbaine en France au premier âge féodal », *Comptes rendus des séances de l'Académie des Inscriptions et Belles-Lettres*, janvier-mars 1957, séance du 22 février, p. 50-54.

« Les routes dans la Lorraine médiévale », *Bulletin de la Société lorraine des Études locales dans l'Enseignement public, nouvelle série, n° 7*, octobre-décembre 1958, p. 2-5.

« Verdun au XIIIe siècle : notes d'histoire économique », in *Mélanges Félix Rousseau. Études sur l'histoire du pays mosan au Moyen Âge*, Bruxelles, 1958, p. 525-540.

« Recherches sur les confins de la Lorraine et de la Champagne : les origines de Vaucouleurs », *Comptes rendus des séances de l'Académie des Inscriptions et Belles-Lettres*, juillet-octobre 1961, séance du 22 septembre, p. 270-274.

« L'avouerie de la cité de Toul », *Le Moyen Âge*, LXIX, 1963, p. 631-640.

« Die Kontinuitätsfrage bei den Bischosfsstädten Metz, Toul und Verdun », *Westfälische Forschungen*, XVI, 1963, p. 73-75.

« Les origines de Nancy : le Moyen Âge », in *Nancy, capitale de la Lorraine*, s. l. n. d. (Nancy, 1966), p. 11-35.

« Les origines des chartes de franchises dans le royaume de France (XIe-XIIIe s.) », in *Les libertés urbaines et rurales du XIe au XIVe siècle – Colloque international, Spa, 5-8 septembre 1966, Actes* (Pro Civitate – Collection Histoire, n° 19), s. l., 1968, p. 29-50 ; article traduit en japonais par Yamada (Masahiko) et édité par Morimoto (Yoshiki) in *Towns and Countrysides in Medieval Western Europe*, Kyushu University Press, Fukuoka, 1987, p. 123-163.

Ouverture et conclusion du colloque sur « Les structures sociales de l'Aquitaine, du Languedoc et de l'Espagne au premier âge féodal », *Annales du Midi*, octobre-décembre 1968, p. 353-357 et 621-624.

« Les villes du Royaume de France au temps de Saint Louis », *Comptes rendus des séances de l'Académie des Inscriptions et Belles-Lettres*, janvier-mars 1971, séance du 29 janvier, p. 45-49.

« Lotharingie, Bourgogne ou Provence ? L'idée d'un royaume d'Entre-Deux aux derniers siècles du Moyen Âge », in *Liège et Bourgogne. Actes du colloque tenu à Liège les 28, 29 et 30 octobre 1968* (les congrès et colloques de l'Université de Liège, 66), Liège, 1972, p. 15-44.

« Toul dans la seconde moitié du XIIe siècle », in *Die Stadt in der europäischen Geschichte. Festschrift Edith Ennen*, Bonn, 1972, p. 185-191.

« Metz, place financière au Moyen Âge », in *La Caisse d'Épargne de Metz. – Journée anniversaire du cent-cinquantenaire*, Metz, 1972, p. 51-59.

« Verre et verriers de Lorraine au début des temps modernes. A propos d'une thèse récente », *Annales de l'Est*, 1972/1, p. 73-77.

« Aspects de la société dans l'Aquitaine carolingienne d'après la *Vita Geraldi Aureliacensis* », *Comptes rendus des séances de l'Académie des Inscriptions et Belles-Lettres*, janvier-mars 1973, séance du 5 janvier, p. 8-19.

« Le droit urbain à Toul au Moyen Âge », in *Économies et sociétés au Moyen Âge. Mélanges offerts à Édouard Perroy* (Publications de la Sorbonne – Série « Études », t. 5), Paris, 1973, p. 273-282.

« L'Atelier Vincent de Beauvais », *Revue d'Histoire des Textes*, 1974, p. 438-443.

« Les gens d'alleu dans le droit messin du Moyen Âge », in *Droit privé et institutions régionales. Études historiques offertes à Jean Yver*, Rouen, 1976, p. 615-622.

« Recherches sur une encyclopédie du XIIIe siècle : le *Speculum majus* de Vincent de Beauvais », *Comptes rendus des séances de l'Académie des Inscriptions et Belles-Lettres*, avril-juin 1976, séance du 5 avril, p. 174-189.

« Un gentilhomme de ville : sire Nicole Louve, citain de Metz, (1387-1462) », in *La noblesse au Moyen Âge (XIe-XVe s.). Essais à la mémoire de Robert Boutruche réunis par Philippe Contamine*, Paris, 1976, p. 175-199.

« Problèmes d'histoire urbaine de la France médiévale », in *Actes du 100e congrès national des Sociétés savantes, Paris, 1975, section de philologie et d'histoire jusqu'en 1610*, t. I, Paris, 1977, p. 137-162.

« Charles le Hardi, duc de Bourgogne et de Lorraine, 1475-1477 », *Le Pays lorrain*, LVIII, 1977, p. 19-40.

« La guerre de Bourgogne entre Sarre et Moselle, 1475-1478 », *Annuaire de la Société d'Histoire et d'Archéologie de la Lorraine*, LXXXVII, 1977, p. 95-121.

« Entre Royaume et Empire : à propos d'un livre récent », *Annales de l'Est*, 1977, p. 3-27.

« La table nummulaire de la cité de Toul », in *Studi in onore di Federigo Melis*, Florence, 1978, p. 1103-1115.

« Vincent de Beauvais : orientation bibliographique », *Spicae. Cahiers de l'Atelier Vincent de Beauvais*, 1, C.N.R.S., Paris, 1978, p. 6-29.

« Lorraine et Champagne au début du XIIIe siècle. Note sur quelques documents inédits », *Comptes rendus des séances de l'Académie des Inscriptions et Belles-Lettres*, janvier-mars 1978, séance du 3 mars, p. 132-142.

« Un conseiller des ducs de Bourgogne : Georges de Bade, évêque de Metz (1459-1484) », in *Cinq-centième anniversaire de la bataille de Nancy (1477). Actes du colloque organisé par l'Institut de Recherche régionale en Sciences sociales, humaines et économiques de l'Université de Nancy II, Nancy, 22-24 septembre 1977*, Nancy, 1979, p. 305-338.

« Metz et la Bourgogne au temps de Charles le Hardi (1467-1477) », *Mémoires de l'Académie nationale de Metz (1976-1978)*, CLVII-CLVIII, 1979, p. 305-335.

« Le problème des principautés en France et dans l'Empire (Xe-XVe s.) », in *Actes du 103e congrès national des Sociétés savantes, Nancy-Metz, 1977, section de philologie et d'histoire jusqu'en 1610*, Paris, 1979, p. 9-39.

« Les Lombards en Lorraine », *Annuaire de la Société d'Histoire et d'Archéologie de la Lorraine*, LXXIX, 1979, p. 65-96.

« La Saintonge aux époques mérovingienne et carolingienne », *Annales de l'Université francophone d'été Saintonge-Québec*, 1979, p. 20-27.

« Le duc de Lorraine et l'abbaye de Remiremont », in *Remiremont : l'abbaye et la ville. Actes des Journées d'études vosgiennes, 17-20 avril 1980*, M. Parisse éd., Nancy, 1980, p. 163-179.

« Troubadours de Saintonge », *Annales de l'Université francophone d'été Saintonge-Québec*, 1980, p. 19-28.

« Des rives de la Meurthe au lac de Constance. Le voyage d'une ambassade lorraine en 1496 », *Le Pays lorrain*, LXI, 1980, p. 109-124.

« Tensions en milieu urbain à la fin du XIIIe siècle : le cas de Toul », *Mémoires de la Société pour l'Histoire du Droit et des Institutions des Pays bourguignons, comtois et romands*, 1982, fasc. 39, p. 179-191.

« La cité de Toul aux derniers siècles du Moyen Âge », *Études touloises*, XXVII, 1982, p. 5-8.

« Campobasso en Lorraine », *Le Pays lorrain*, LXIII, 1982, p. 5-24.

« Notaires toulois du XIVe siècle : jalons pour une recherche », in *Clio et son regard. Mélanges offerts à Jacques Stiennon*, Liège, 1983, p. 565-577 ; repris dans *Gnomon*, XXXVI, 1984, p. 7-14.

« Clermont-en-Argonne, naissance d'une ville (XIe-XIVe s.) », in *Horizons d'Argonne*, 1984, p. 65-80.

« Le synode paroissial en Lorraine à la fin du Moyen Âge », in *L'encadrement religieux des fidèles au Moyen Âge et jusqu'au Concile de Trente. Actes du 109e congrès national des Sociétés savantes, Dijon, 1984, section d'histoire médiévale et de philologie*, t. I, Paris, 1985, p. 177-195.

« Note sur les actes de Brun de Roucy, évêque de Langres (980-1016) », in *Aux origines d'une seigneurie ecclésiastique : Langres et ses évêques, VIIIe-XIe siècle, Actes du colloque de Langres-Ellwangen*, S.H.A.L., Langres, 1986, p. 167-188.

« Charlemagne et Hildegarde : conscience dynastique et tradition locale », in *Actes du colloque « Autour d'Hildegarde »*, P. Riché, C. Heitz et F. Héber-Suffrin éd., Paris X-Nanterre, Cahier V, 1987, p. 9-18.

« Chambre l'Empereur – Camera Imperii : jalons pour la reprise d'une enquête », in Media in Francia. *Recueil de mélanges offert à Karl Ferdinand Werner à l'occasion de son soixante-cinquième anniversaire par ses amis et collègues français*, Paris, 1989, p. 453-470.

« Libertés, franchises, communes : les origines. Aspects d'une mutation », in *Les origines des libertés urbaines. Actes du XVIe congrès des Historiens médiévistes de l'Enseignement supérieur public, Rouen, 7-8 juin 1985*, Rouen, 1990, p. 7-29.

« Le coup de main du duc de Lorraine contre la cité de Metz, 9 avril 1473 », *Le Pays lorrain*, LXXI, 1990, p. 3-13.

« Yolande de Flandre (1326-1395), comtesse de Bar, dame de Cassel, et les pouvoirs de son temps », in *La femme au Moyen Âge*, M. Rouche éd., Maubeuge, 1991, p. 353-363.

« André de Rineck, citain de Metz (1444-1527). Notes à propos de recherches récentes », *Les Cahiers lorrains*, mars 1991, p. 3-14.

« A propos des deux premières oraisons funèbres de Bossuet. Thèmes et genres littéraires aux XVIIe et XVIIIe siècles », in *Mélanges en l'honneur de Jacques Truchet*, Paris, 1992, p. 59-70.

« Vincent de Beauvais à l'épreuve des siècles », in Lector et compilator : *Vincent de Beauvais, frère prêcheur, un intellectuel et son milieu au XIIIe siècle*, S. Lusignan et M. Paulmier-Foucart dir., Rencontres à Royaumont, 1997, p. 21-46.

« Dans la société messine au XVe siècle, Dame Colette Baudoche (vers 1380/5-1441) », in *Lotharingia*, VII, *Mélanges d'archéologie, d'art et d'histoire offerts au chanoine Jacques Choux*, Nancy, 1997, p. 67-76.

« Témoin d'une société en mutation : François Le Gronnais, citain de Metz (1450-1525) », *Mémoires de l'Académie nationale de Metz*, CLXXX, 1999, p. 185-205.

« Groupes dirigeants en milieu urbain (XIIe-XIVe s.) : comparaison entre Metz et Trèves. Réflexions à propos d'un livre récent », *Les Cahiers lorrains*, décembre 2000, p. 441-459.

## Traduction

« Suger (extrait de ses œuvres) », in *Le Patrimoine littéraire européen*, J. Cl. Polet éd., IVb, *Le Moyen Âge de l'Oural à l'Atlantique, Littérature d'Europe occidentale*, Bruxelles, 1993, p. 178-181.

*Suger, Mémoire sur l'administration de l'abbaye de Saint-Denis*, traduction de la première partie, chapitres 1 à 23, ronéotée en 1953, éditée par M. Bur dans Suger, *La geste de Louis VI et autres œuvres*, Collection « Acteurs de l'Histoire » dirigée par G. Duby, Imprimerie nationale, 1994, p. 219-245.

## Méthode de travail

« La machine et l'histoire : De l'emploi des moyens mécaniques et électroniques dans la recherche historique », in *XIIIe congrès international des Sciences historiques, Moscou, 16-23 août 1970*, dactylographié, 11 p.

*Du style d'un travail historique*, cours de D.E.A. multigraphié, s. l. n. d. (Nancy, 1985).

## Présentation d'enquêtes

« Enquête du C.N.R.S. Les orientations de la recherche scientifique : les recherches d'histoire médiévale », *Revue historique*, CCXXII, juillet-septembre 1959, p. 19-34.

« L'orientation de travaux universitaires en France : histoire médiévale », *Revue historique*, CCXXIX, avril-juin 1961, p. 397-401.

## Remises d'épées

Allocution, in *Cérémonie de remise à M. Philippe Wolff de son épée d'académicien*, Toulouse, Château du Mirail, 8 décembre 1973, p. 27-31.

Allocution, in *Hommage à Philippe Contamine à l'occasion de son élection à l'Académie des Inscriptions et Belles-Lettres*, Paris, 13 décembre 1991, p. 35-42.

Allocution, in *Hommage à Francis Rapp à l'occasion de son élection à l'Académie des Inscriptions et Belles-Lettres*, Strasbourg, 3 décembre 1994, p. 27-36.

## Profils d'historiens et de Lorrains

« La carrière lorraine de Christian Pfister », *Mémoires de l'Académie de Stanislas*, CX, 1951, p. 150-163.

« André Déléage (1903-1944) », *Annales de l'Est*, 1954, p. 265-273.

« L'œuvre d'un érudit lorrain, Jean-Baptiste Kaiser (1874-1942) », *Annuaire de la Société d'Histoire et d'Archéologie de la Lorraine*, LXX, 1956, p. 127-136.

« A la mémoire de Lucien Febvre », *Annales de l'Est*, 1957, p. 3-7.

Discours, in *Centenaire de Maurice Barrès, Sion, 30 septembre 1962*, Nancy, 1962, p. 5-9.

« Émile Morhain (1900-1964) », *Annuaire de la Société d'Histoire et d'Archéologie de la Lorraine*, LXIV, 1964, p. 7-11.

Dédicace, in *Économies et sociétés au Moyen Âge. Mélanges offerts à Édouard Perroy* (Publications de la Sorbonne – Série « Études », t. 5), Paris, 1973, p. 9-12.

« Éloge funèbre de M. Gabriel Hocquard (1892-1976) », *Mémoires de l'Académie nationale de Metz (1976-1977)*, CLVII-CLVIII, 1979, p. 209-223.

« Nécrologie : Jean Babin », *Le Pays lorrain*, LX, 1979, p. 107-108.

« De la Lorraine à l'Aquitaine : Le cheminement d'un historien de l'art, François Georges Pariset (1904-1980) », *ibid.*, LXII, 1981, p. 1-11.

« Clément Kieffer, un homme de nos terroirs », in *Clément Kieffer*, Metz, 1982, p. 7-56.

« Notice sur la vie et les travaux d'Émile Coornaert », *Comptes rendus des séances de l'Académie des Inscriptions et Belles-Lettres*, janvier-mars 1982, séance du 5 mars, p. 114-124 ; Publications de l'Institut de France, Académie des Inscriptions et Belles-Lettres, 1982-1983, p. 3-12.

« Hommage à Pierre Marot à l'occasion de sa promotion au grade de commandeur de la Légion d'Honneur », Paris, École des Chartes (ouvrage hors commerce édité par souscription), 1988, p. 17-25.

« Une vie au service du pays : Pierre Marot », *Le Pays lorrain*, LXXIV, 1993, p. 75-88 (repris dans la *Bibliothèque de l'École des Chartes*, CLI, 1993, p. 481-496).

« Pierre Marot et le patrimoine religieux de son pays », *Revue d'Histoire de l'Église de France*, LXXIX, 202, janvier-juin 1993, p. 8-11.

« Pierre Marot (1900-1992) et l'histoire de la Lorraine », *Annales de l'Est*, 1993, p. 217-221.

« Hommage à Robert Folz (1910-1996) », *Mémoires de l'Académie nationale de Metz*, CLXXVIII, 1997, p. 65-75.

« En ouverture », in *Guerre, pouvoir et noblesse au Moyen Âge. Mélanges en l'honneur de Philippe Contamine*, J. Paviot et J. Verger éd., Paris, 2000, p. 5-8.

## Hommage jubilaire

« Hommage jubilaire en l'honneur du doyen J. Schneider prononcé par P. Philippe et remerciements de J. Schneider », *Mémoires de l'Académie nationale de Metz (1978)*, CLIX, 1980, p. 7-16 (P. Philippe) et 17-20 (J. Schneider).

## Préfaces

*Le mystère de sainte Barbe*, Guénange, 1951.

*Centenaire de la Faculté des lettres de Nancy, 1854-1954*, Nancy, 1954 (extrait des *Annales de l'Est*, III, 1954).

*Saint-Chrodegang, colloque tenu à Metz à l'occasion du douzième centenaire de sa mort*, Metz, 1967.

*Barrès et le Rhin*, t. X de *L'œuvre de Maurice Barrès*, Paris, « Au Club de l'Honnête Homme », 1968.

*Bibliographie lorraine contenant la nomenclature des ouvrages parus jusqu'en 1966 et concernant les duchés de Lorraine et de Bar, les trois évêchés, départements de Meurthe-et-Moselle, Meuse, Moselle et Vosges, les départements et les pays circonvoisins*, Metz, Académie nationale de Metz, t. 1, 1970, p. 7-12.

E. MAGNOU-NORTIER, *Foi et fidélité : Recherches sur l'évolution des liens personnels chez les Francs du VII<sup>e</sup> au IX<sup>e</sup> siècle*, Toulouse, 1976.

P.-E. WAGNER, *Plans, dessins et vues de Metz. Plans imprimés des origines au début du XX<sup>e</sup> siècle*, Documents messins n° 6, Metz, 1977.

*Saint-Thierry, une abbaye du VI<sup>e</sup> au XX<sup>e</sup> siècle*, Actes du colloque international, Reims-Saint-Thierry, 11-14 octobre 1976, réunis par M. Bur, Saint-Thierry, 1979.

J. Lanher, A. Litaize, J. Richard, *Atlas linguistique et ethnographique de la Lorraine romane*, t. 3, *L'homme*, « Atlas linguistiques par régions », C.N.R.S., Paris, 1985.

A. Girardot, *Le Droit et la terre : le Verdunois à la fin du Moyen Âge*, Nancy, 1992.

## *In medias res*

« Diagnostic de notre mal », *L'Est républicain, samedi 18 mars 1972* (« Le Français n'est plus un citoyen ni même un sujet, c'est un administré »)*, mardi 21 mars 1972* (« Pourquoi masquer plus longtemps le problème que pose Paris pour la santé de la nation ? »)*, jeudi 23 mars 1972* (« De Calais à Bâle : le côté le plus vulnérable de l'hexagone »), *samedi 25 mars 1972* (« La métropole d'équilibre ne se situe plus en Lorraine, mais à Sarrebruck »).

« Le problème régional et ses perspectives historiques. Discours », in *Mémoires de l'Académie nationale de Metz (1978)*, CLIX, 1980, p. 21-32.

## Perspectives

« Le symbolisme dans l'art religieux du Moyen Âge », *Conférence du Centre européen universitaire de Nancy*, texte multigraphié non revu par l'auteur, décembre 1968, 10 p.

« Clio en mutation ? », *Séance publique annuelle des cinq Académies, 25 octobre 1975*, Paris, Publications de l'Institut de France, 1975, n° 19, p. 3-9.

« Limites et frontières du développement scientifique dans la perspective historique », in *Les frontières de la sciences, Colloque du 29 avril 1977*, Nancy, p. 13-28.

*Bibliographie arrêtée le 3 mai 2003*

Michel Bur

# TABLE DES MATIÈRES

ACHEVÉ D'IMPRIMER
EN SEPTEMBRE 2003
SUR LES PRESSES
DE
L'IMPRIMERIE F. PAILLART
À ABBEVILLE

DÉPÔT LÉGAL : 3E TRIMESTRE 2003
NO D'IMP. 12049